Wiglaf Droste
Nikolaus Heidelbach
Vincent Klink

GEMÜSE

Büchergilde Gutenberg

Leise ziehts durc

nein Gemüse …

HEINRICH HEINE

Inhalt

Vincent Klink

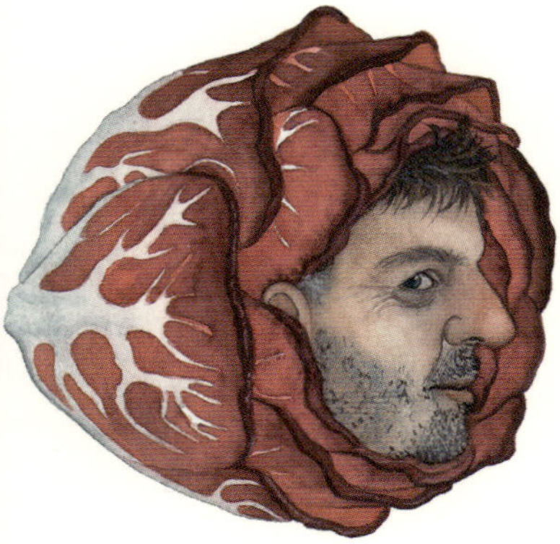

Nikolaus Heidelbach

Sodom und Gemüse

SIE REDEN RECHT VIEL FÜR EINEN SPITZKOHL.
WAREN SIE DENN SCHON MAL IN EINEM GEFRIERFACH? 3 STERNE? ACH WAS!
FLEISCHLOSER KINDER-GRILLSPIESS ?? OHNE MICH.
ALS PREMIUMKARTOFFEL SAGE ICH NUR EINS: DAS ZIEL IST PURREE!
MAN HAT MIR EINEN ECHTEN TEIGMANTEL VERSPROCHEN!
AUBERGINEN! DAS SIND DOCH NUR AUFGEBLASENE FAULE BANANEN!
5 MINUTEN SPRUDELND KOCHEN – EISKALT ABSCHRE=CKEN – UND DU STEHST WIE EINE EINS!
UND DANN WOLLEN SIE SICH ZU FÜNFT IN SPECK EINWICKELN LASSEN! UNGLAUBLICH!!
MIT MAYONNAISE? SIE SCHWEIN!!
GEGART...? WAS IST DAS? WIESO WERDE ICH GEGART?

Vorwort

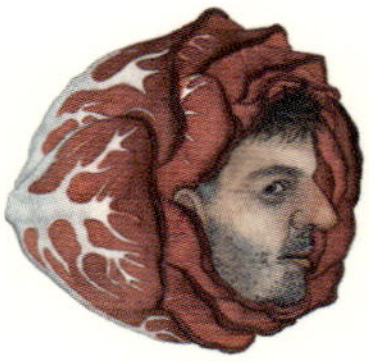

Anfang Januar saßen drei Frauen in der Sauna. Sie wogen zusammen 300 Kilo.

»Nie wieder Wurst.« Stöhnte die Erste.

»Nie wieder Wein.« Seufzte die Zweite.

»Nie wieder Wild.« Ächzte die Dritte.

»Wenigstens ist Weihnachen vorbei.« Presste die Erste aus sich heraus.

Ein schmaler Saunadiener betrat behutsam die Hitzekammer und besorgte den nächsten Aufguss.

»Noch ein Buch über Essen und ich lasse mich scheiden.« Erschöpft von Länge und Inhalt ihres Satzes sackte die Erste plumeauförmig in sich zusammen.

»Ich auch«, sagte die Zweite und ließ entnervt vom Versuch ab, die Hände vor dem Bauch zu falten.

»Und ich erst«, sagte die Dritte und versenkte die geballte Rechte in ihrem linken Oberschenkel.

Der Saunadiener trocknete die Aufgusskelle bedächtig mit einem Handtuch.

»Wenn überhaupt, dann höchstens mal eins über Schmuck …« Die erste Frau lag inzwischen flach.

»Oder Dessous …« Die zweite Frau sank weich nach hinten.

»Cabriolets …« Und auch die dritte wogte sanft in die Horizontale.

Da die Damen keine weiteren Wünsche hervorbrachten, entfernte sich der Saunadiener und schloss leise die Tür.

Drei Telefonate später schlenderten Klink, Droste und Heidelbach in Verleger Lendles Büro. Der entledigte sich soeben eines weißen Kittels und wischte sich den Schweiß von der Stirn. »Ich habe Nachforschungen angestellt«, sagte er. »Männer, ihr seid in Gefahr!«

»Gefahr ist mein Geschäft.« Droste nahm einen Schluck aus seinem massiv silbernen Flachmann.

»Meins auch«, sagte Heidelbach etwas lahm und drehte seinen goldenen Montblanc-Füller zwischen den Fingern.

Klink sah auf seine Rolex.

»Es geht um eure Frauen! Sie ziehen nicht mehr mit!« Lendle stand erneut der Schweiß auf der Stirn. »Und eins kann ich euch flüstern: Wenn die Autorenfrauen die Lust verlieren, dann zieht das Lesepublikum über kurz oder lang nach! Alte Verlegerweisheit.«

»Verlegerweisheit … Das gibt's also wirklich.« Droste lächelte fein.

»Schmuck, Dessous, Cabriolets … Das kann nicht mal ich kochen …«, gab Klink zu bedenken.

»… und schlank macht es auch nicht.« Heidelbach war eindeutig indisponiert.

»Also, Männer, Brainstorming sieht irgendwie anders aus.« Lendle straffte sich. »Ich schlage eine, äh, Neuerung vor. Der Verleger bestimmt das Thema. Und das Thema ist Gemüse! Abgabe Ende Mai! Noch Fragen? – Keine? – Die Frauen werden's euch danken.« Und mit gleichsam spargelhafter Gewandtheit komplimentierte er die drei zur Tür.

Mitte Januar lagen drei Männer in der Sauna. Sie wogen zusammen 400 Kilo.

»›Als ich mit meinem gedünsteten Gemüse hineingekommen bin, haben sie verrückt gespielt! Zwei oder drei haben mich sogar gebissen!‹ Kennt ihr das?« Heidelbach rührte mit dem kleinen Finger in dem mittelgroßen See, der seinen Nabel füllte.

»Asterix und der Avernerschild! Der Küchenhelfer im Kurort Aquae Calidae sagt das.« Lässig kraulte Droste sein triefendes Brusthaar.

»So lustig darf es schon werden, aber bloß kein Wort über Diät.« Klink tropfte wie ein Frittiersieb.

»Die Herren bitte zum Abschrecken ins Tauchbecken.« Der Saunadiener war in der Tür erschienen und grinste wie ein Maiskolben. »Danach bitte sofort an die Arbeit!«

Gemüse an sich

Ein schlechter Ruf kommt nicht von ungefähr. Jedes Geraune, Gerücht, jede Diffamierung enthält häufig wenigstens einen kleinen Funken Wahrheit. Sei es nur, dass die Melodie eines Wortes etwas Unentschiedenes, Beliebiges oder Fades transportiert. ›Gemüse‹ – wem dieses Wort über die Lippen soßt, der erwartet bestimmt etwas Faderes als bei der maskulinen, schussartigen Gewaltmelodie, die das Wörtchen ›Steak‹ verbreitet.

Warum werden pubertierende Backfische auch ›junges Gemüse‹ genannt? Weil sie oft nerven? Einige Gründe fielen einem ja wirklich ein. In Berufsküchen gibt es daher keinen Gemüsekoch, sondern nur das Gegenüber des Sauciers, also des Bratenkochs. Der ›Gegenüberkoch‹ hört in der Welt des Berufskochs auf den Namen ›Entremetier‹ und besetzt eine unbeliebte Position. In keinem Bereich muss man mehr schuften, nämlich schnippeln, tournieren, also beispielsweise eine Karotte in mundgerechte Stückchen schnitzen. Ein gutes Restaurant hat mindestens fünfzehn verschiedene Sorten Gemüse am Start, und wirft man einen Blick in den »Hering«, das verbindliche Lexikon der Berufsköche, dann sind dort einige hundert verschiedene Kartoffelvariationen aufgeführt. Ich könnte einem Entremetier nicht verübeln, wenn er an seinem freien Tag niemals Gemüse anrühren würde.

Mit dem Gemüse ist es ein Kreuz. Die Kindheit, die alle so wohlwollend nostalgisch besingen und beflöten, wird automatisch zum Gewaltszenario, wenn die Rede auf ein gewisses Grünzeug, nämlich den kuhfladenartigen Spinat kommt. Von Mutter wurde er trotzdem als sooooo gesund ausgelobt, dass er allein deshalb schon unter Verdacht geriet. Kaum drei Jahre alt, empfand ich den Mampf bereits als allererste bewusst wahrgenommene Gewaltanwendung. Die dazu gereichte rustikale Pädagogik, die in Zwangsernährung mündete, tat ein Übriges.

Kam durchfallfarbener Spinat auf den Tisch oder Bohnen, die nicht grün, sondern nato-oliv changierten, war das Gemüse mit Mehl vermengt und dadurch zum Briefbeschwerer entartet, mussten wir Kinder oft bis in den Nachmittag hinein am Teller ausharren, bis Mutters Küchenunfälle vertilgt waren.

Als zusätzliche Beilage setzte es, wenn gar nichts vorwärtsging, Prügel mit dem Stock oder Gewalt ohne technische Hilfsmittel, also beispielsweise Ohrfeigen oder Kopfnüsse. Matschgemüse wie Spinat und dazu eine Ration Gewalt, das alles war ein einziges geschlossenes System der Unterdrückung.

Diese Zeiten sind vorbei, aber ein zweifelhafter Ruf haftet dem Gemüse noch immer an und nimmt vielen die Lust. Freilich: Im Fleisch steckt Kraft, so tönt ein blöder Werbeslogan, das Gemüse jedoch ist nur gesund. Muss man sich nämlich auf das Attribut gesund herausreden, dann ahnt selbst der wenig sensible Hirnkasten einen Hinterhalt. Was gesund ist, das schmeckt einfach nicht, und für diese Behauptung findet man unzählige Beweise.

Oder sind das alles nur Gerüchte, Nachbeben kindlicher Ernährungs-Schicksalsschläge? Mag sein, aber vielleicht liegt es auch daran, dass man sich mit der Zubereitung der ohnehin gesunden Pflanzen keine Mühe geben muss? Verhält es sich wie mit der jüdischen koscheren Küche, die – seit Jahrhunderten hygienisch gut erprobt, gottgefällig sowieso – oft nicht mehr fein abgestimmt und gewürzt werden will? Das erinnert mich an die geweihte Oblate, die mir in der Klosterschule der Priester am Ende des Gewaltparcours eines Hochamts inklusive Weihrauchvergiftung auf der Zunge parkte, sodass ich mir damals schon dachte, der Jesus schmeckt aber jesusmäßig fad.

Wozu würzen, wenn etwas heilig ist? Wozu sich kochkünstlerische Gedanken machen, wenn etwas gesund ist? Wozu überhaupt einen Gedanken darauf verschwenden, wenn ein undefinierbarer Klödder den Teller verunziert? Weite Teile der Bevölkerung halten auch heute noch Gemüse für eine Zumutung, die zum Essen gehört, weil man sich mit Fleisch allein nichts Gesundes einverleibt. Was wäre ein amorpher Hamburger ohne das knackige Grünzeug, mit dem man sich oft einen ganzen Tag vergurken kann? Alles ist weich und jauchig, nur das Grünzeug knackt. Jawohl, denn irgendwann kam die Ernährungswissenschaft darauf, dass auch Gemüse knackt, dass man also die Früchte des Gartens nicht mehr totkochen soll. Der Vitamingehalt ist besser, wenn man Gemüse halbroh serviert. Noch gesünder soll Gemüse sein, das man sich wie ein Neandertaler reinwürgt, nämlich total roh. Ich würde das gerne glauben, wenn nur viele Rohköstler nicht einen solch gesundheitlich verelendeten Eindruck machten. Das Gemüse strahlt in allen Farben, doch die Leute, die es grad so vertilgen, wie es aus dem Boden kommt, blicken meist lehmgrau aus der Wäsche.

Es ist ein Kreuz, und ich glaube, das Fernsehen ist daran schuld. Nein, eigentlich nicht das Fernsehen pauschal, sondern erst mit der Einführung des Farbfernsehens begann der massenweise Betrug der Sehorgane. Plötzlich entdeckte man das ›bunte Gemüse‹, und weil es in Bunt so hübsch anzugucken ist und weil die Farben der unzähligen Gemüsevarietäten sich in halbrohem, knackigem Zustand besser erhalten, rückte die Kochkunst durch Gemüseschnitzwerk ein Treppchen höher.

Keine Frage, viele Köche möchten Künstler sein, und weil es nicht für die Kunstakademie reichte, wird Gemüse misshandelt, verschnitzt,

geflochten, verbogen, denaturiert, verwürzt und arrangiert. Diese Artisten, die ihr eigenes Zeugs nicht richtig mögen, sondern nur messerspitzenweise probieren, finden sich zur Rekonvaleszenz in bürgerlichen Wirtschaften ein. Auf die Standard-Journalistenfrage nach dem Lieblingsgericht outet man sich mit Linsen und Spätzle, Hackbraten oder Rindsrouladen.

Wieder zu Hause in des Kochkünstlers Edelstahllabor werden dann feine Täubchen mit Trüffelsauce auf viereckige Teller abgelegt und das Ganze wird mit einem Minigemüsearrangement aufgehübscht. Acrimboldo hätte sich das alles nicht schöner arrangieren und schöner malen können. Ständig ist die Rede von schönem Gemüse. Beim Zeitgeistbruzzler und Gemüsepochierer läuft es also gerade andersherum wie bei der Oma, deren herrlich schmeckende Schnippelbohnen weich wie Kompost im Topf vor sich hin dämmerten und darum meist beschissen aussahen.

Ja, die Hausmannskost trieb damals manchen Mann aus dem Haus. Oft war sie aber besser als ihr Ruf.

Mit dem Yin und Yang habe ich es eigentlich nicht, aber es stimmt schon, wo viel Schatten, da viel Licht. Wo viel Dummheit, da findet man in der Nähe auch das Nachdenkliche. Schon zu Großvaters Zeiten gab es Großmütter, die aufs Gemüse keinen Hass schoben, sondern mit Respekt und Lust die Ernte des Gartens würdigten. Und nicht alle Köche sind Plumpsköche. Vor Jahren schon legte sich in Paris das Restaurant ›L'Arpège‹ eine eigene Gärtnerei zu und führt bis heute Gemüsekreationen auf der Speisekarte, für die man 80 Euro bezahlen muss. Nicht gerade billig, aber auch kein Wucher. Alain Passard könnte man einen Gemüsekünstler nennen. Der eigenwillige Koch legt auch gerne mal einen Blumenkohl anstelle der Blumen auf den Tisch. Wenn man überlegt, dass einige Pinselstriche im gehobenen Galeriewesen mal geschwind eine halbe Million kosten, dann ist Gemüsekunst relativ preiswert. Gut, Paris war noch nie wohlfeil. Man muss als guter Koch auch nicht unbedingt die Lohnkosten einer Supergärtnerei auf die kleine Gästeschar umlegen. Oder doch? Warum eigentlich nicht, denn gutes Gemüse steht gutem Fleisch in nichts nach. Heute ist das ›L'Arpège‹ ein wichtiger Anziehungspunkt für internationale Gourmets. Alain Passard regt mit seiner Kochkunst an, sich intensiver mit Gemüse zu befassen. An dieser Stelle ein Sonderlob.

Man kann sich mit Gemüse eine wunderbare Welt schaffen und riechend und schmeckend sein Leben bereichern. Man wird auch feststellen, dass natürlich gewachsene Karotten & Co, also Bioqualität, besser schmecken als industriell gezogenes Gemüse. Freilich, auch das stimmt, mancher Biogärtner kann ›sei Sach‹ auch nicht und bietet faden Murks oder hocharomatisch Verholztes. Nicht aufregen, sage ich immer, schmeckt ein Kohlrabi nach gar nichts, dann muss man den Gärtner wechseln. Wer Wert auf gute Ware legt, sollte auf Wochenmärkten einkaufen. Frisch muss es nämlich sein, nicht nur frisch aussehen oder frisch abgepackt oder womöglich in Plastik eingeschweißt sein. Geerntete Gartenerzeugnisse verlieren mit jeder Stunde an Geschmack. In Folie eingeschweißtes Zeug, als hygienisch angepriesen, hat oft lange Transportwege hinter sich, und außerdem fühlen sich feindliche Bakterien unter Folie ganz besonders wohl.

Von den modernen Verpackungsmethoden und diverser Haltbarkeitschemie wusste meine Mutter damals noch nichts. Sie kaufte für den täglichen Bedarf. Sie kochte manchmal schlimmen Unrat zusammen, war allerdings auch keine Hobbyköchin mit ständiger Feiertagslaune. Sie malochte als Mussköchin, die oft keine Lust hatte, die Brut zu füttern, versah stoisch ihren Dienst. Aber wenn sie Lust und gerade keinen Ärger mit dem Alten oder uns Kindern hatte, dann dünstete sie mit Deckel auf dem Topf beispielsweise ein Kohlräbchengemüse. Mit etwas Sahne und Muskat versehen könnte ich darob heute noch ins Schwärmen geraten.

Die Kunst bestand darin, die Natur nicht zu verbiegen, sie aber trotzdem ein klein bisschen besser zu machen als vom Herrgott vorgesehen.

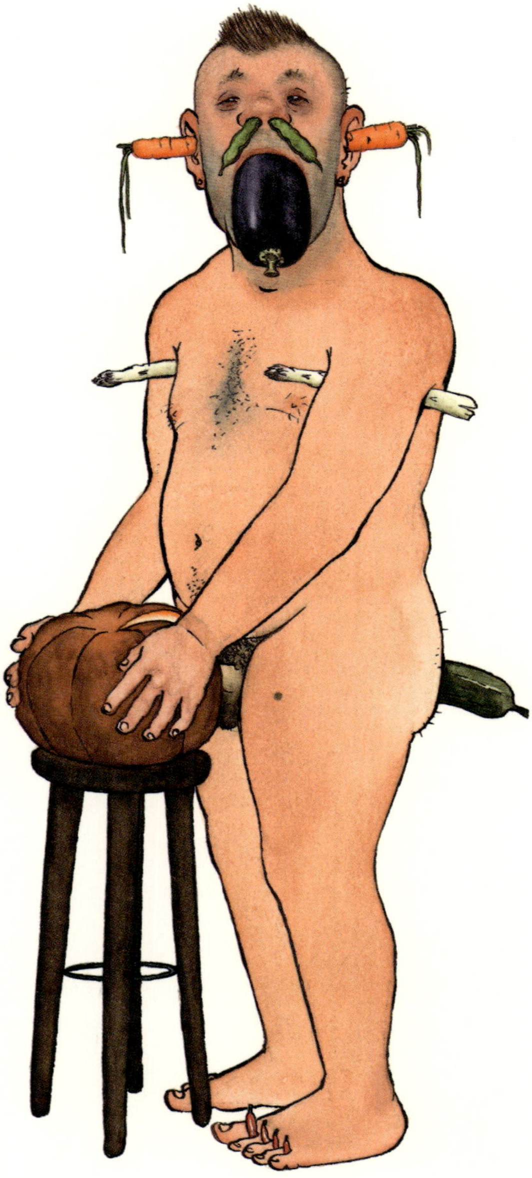

Aus dem Kräutergarten

Der Petersil, der Petersil,
weiß alles, doch er spricht nicht viel.

Scharf protestiert gleich die Melisse:
Sie sei es doch, die alles wisse.

Agnostisch ist der Majoran:
Liest weder Bibel noch Koran.

Sein wilder Bruder Thymian
sagt: »Gott, das geht mich gar nichts an.«

»Dumm schmeckt gut!«, prahlt Basilikum.
Er kriegt damit Tomaten rum.

Ganz locker sieht's der Rosmarin:
»Lieb ich nicht sie, lieb ich halt ihn.«

Am Ende seufzt die Pfefferminze:
»Was soll man machen – tja, so sind se.«

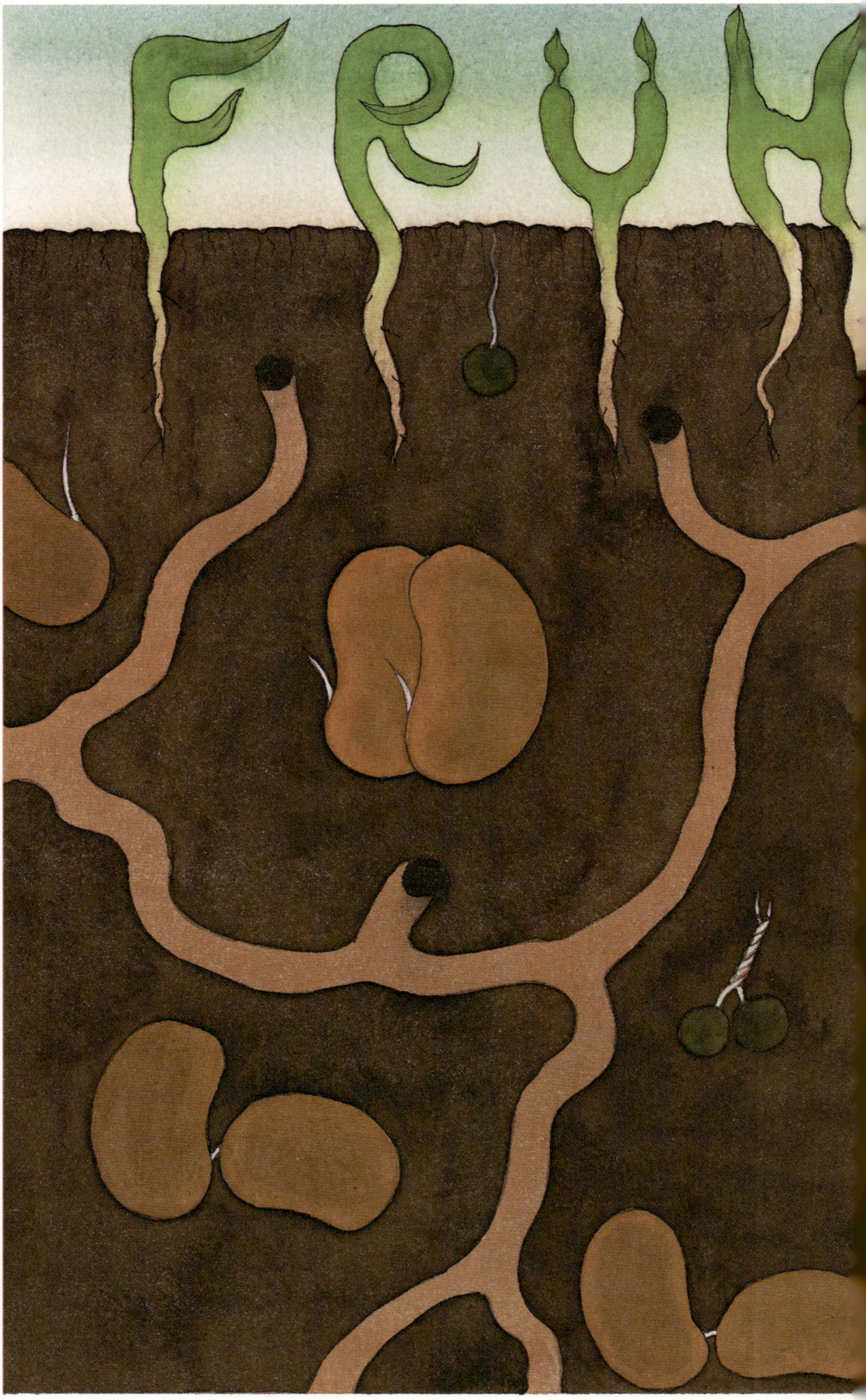
FRUH

Geschmorter Chicorée mit Sauce Choron

Ofen auf 200 Grad (Umluft 180 Grad, Gas Stufe 3) vorheizen. Vom Chicorée die äußeren Blätter ablösen, Kolben längs halbieren und den Strunk herausschneiden. Chicorée mit den Schnittflächen nach unten in eine gefettete Auflaufform legen. Mit Salz und Pfeffer würzen, Brühe angießen und alles mit Alufolie abdecken. Im heißen Ofen ca. 20 Minuten garen.

Geschmorter Chicorée mit Sauce Choron

Zutaten für 2 Personen

4	Chicorée
1 EL	Butter für die Form
	etwas Salz, Pfeffer
1/4 l	Gemüsebrühe
10	Pfefferkörner
2	Schalotten
100 ml	Weißwein
10 Zweige	frischer Estragon
1	Tomate
100 g	Butter
2	Eigelb

Für die Sauce Pfefferkörner grob zerstoßen. Schalotten schälen, fein schneiden und mit Weißwein, 6 Zweigen Estragon und Pfefferkörnern in einen Topf geben. Bei starker Hitze um ca. drei Viertel einkochen lassen. Tomate mit heißem Wasser überbrühen, Schale abziehen, Tomate vierteln, entkernen und das Fruchtfleisch in feine Würfel schneiden. Butter in einem Topf zerlassen. Den eingekochten Weinfond durch ein feines Sieb passieren.

Zusammen mit dem Eigelb in einem Schlagkessel über einem heißen Wasserbad schaumig aufschlagen. Dann langsam die flüssige Butter unterrühren, Tomatenwürfel unterheben und die Sauce mit Salz und Pfeffer abschmecken.

Restlichen Estragon fein hacken. Chicorée aus dem Ofen nehmen und mit der Sauce auf Tellern anrichten.

Mit Estragon bestreuen. Dazu passen sehr gut Petersilienkartoffeln.

Ausbuddeln! Aufessen! Bluten!

Rote Bete macht aus der Welt eine bessere

Das Universum ist ungeordnet, das ist sein Wesen. Der Mensch, ungleich kleiner als das chaotische Großeganze, in dem er lebt, hausmeistert kleinteilig herum im Versuch, das Universum zu parzellieren, zu erklären und zu interpretieren; manche trauen sich sogar zu, es zu verändern, worauf es nach Meinung eines Vollbartträgers aus Trier ja auch ankömme. Ich bin mir da nicht so sicher; verändern könnte und kann man ja nur etwas, das man zunächst verstanden hat oder hätte, und schon der Versuch des Begreifens allein verschlingt doch schon mehr Lebenszeit, als einem zur Verfügung steht. Je weniger blöde einer ist, desto mehr lässt er diese Einsicht auf sich wirken – und gibt dennoch die Idee einer klug geordneten Welt nicht auf.

Bis es aber so weit ist, möge die Regel gelten: Lieber richtiges Chaos als die Ödnis, die Simulanten und WorldWide-Provinzler wie Guido Westerwelle sie ausdünsten.

Der türkische Gemüsehändler und Fleischer, bei dem es alles gibt, was Betrugsdeutschland sonst verweigert, also Lebensmittel, begrüßt mich mit der Anrede »mein Bruder«. Das hat keine Anmutung von ölig-christlicher Anbrüderei; der Mann sieht mir an, dass ich das, was er mir bietet, schätze und achte und dass ich diese Zuneigung nicht ungern auch auf zweibeinige Wesen ausdehne – ganz sicher jedenfalls auf ihn, der mir ein Stück Lammschulter durch den Wolf dreht, aus dem später, gut geknetet mit Kapern, Zwiebeln, Knoblauch, Chili, Meersalz und Pfeffer kleine heiße Bollern werden, die jeden geschmacksbegabten Mund zum Schimmern bringen.

Der Mann hat auch im Angebot, was die Welt, aus der es stammt, gleichzeitig zum Besseren wandelt: Rote Bete. Rote Bete ist klassisches Überwinterungsgemüse: Übel ist die Welt eingerichtet; um sich dagegen zu wehren, bedarf es der Widerstandskraft, und die nimmt man zu sich mit kommunistischem Gemüse: Rote Bete regiert. Man verehrt, beriecht, fühlt und streichelt sie, kocht sie, häutet sie, rührt sie, selbst angerührt von ihrem Blut und ihrem Duft, mit Olivenöl, Balsamico, roter Zwiebel, Petersilie und Knoblauch in einer Schüssel zusammen, lässt sie ziehen (aber nicht im Sinne von weggehen) und verfüttert sie an sich und die Seinen – zusammen übrigens mit den Lammfleischkugeln, die, wie die kommunistische Rote Bete in ihrem Urzustand, das wohlgeordnete Universum symbolisieren. Das gibt die Energie, derer man bedarf, um das Weltgewürge gleichermaßen zu ertragen wie zu genießen – und es, mit Klugheit und Bedacht, nach den Maßgaben der Notwendigkeit zu ändern.

Da haben wir den Salat!

Rohes oder Gekochtes? Damit haben sich schon einige Philosophen beschäftigt. Gemüse, nicht als steinzeitliche Rohkost, sondern gekocht, gesotten, gedämpft, gebraten, gegrillt oder in Butter geschwenkt, ist einer der Eckpfeiler der Kultur. Dagegen ist roher Salat eine Ressource, deren Entstehung ich der Steinzeit anrechnen möchte, als noch gesammelt und das Feuer noch nicht erfunden war. Trotz der damaligen geringen Lebenserwartung soll er gesund sein? Mit diesem Ausruf wäre fast alles gesagt, was Salate problematisch macht. Meist locken sie mit Gesundheitsversprechungen, bis hin zu Chlorophyllvergiftung. Doch sortenreiner Kopf- oder Ackersalat verjüngt uns nicht so weit, dass man sich nach dem Verzehr wieder wie ein Teenager fühlen könnte. Deshalb wurde der ›Gemischte Salat‹ erfunden.

Kaum eine in abwaschbarem Plastik versiegelte Kneipenkarte will darauf verzichten. Der ›Gem. Salat‹ mit unzähligen Komponenten, bis hin zu ›Hengstenbergs gesammelten Werken‹ aus dem Drehverschlussglas, ist der Dauerlutscher für Vitaminjäger, die sich durch Nahrungsergänzungspräparate bis zur Halskrause mit Mineralien und Vitaminen vollstopfen möchten. Es entspricht auch unserer Mentalität, die wir uns beim Fernsehen antrainiert haben. Schnäppchensucht, von jedem etwas, Zappen. Man will nichts versäumen, von allem etwas haben, aber nicht wirklich richtig sich vertiefen. Deswegen sind die Salatbuketts zu wahren Panoramaplatten angeschwollen. Und beim Gemüse wird in den Restaurants zuerst einmal auf die farbige Ergänzung zum röstbraunen Fleisch spekuliert. Hauptsache bunt. Und weil sich die Farbe mit zunehmendem Kochprozess ausdünnt, war der Weg zum ›Al-Dente-Gemüse‹ zwangsläufig. Für mich gilt als gesetzt, dass Gemüse auf dem Teller nicht weniger sein darf als die Fleischportion, im Gegenteil. Jedoch der Gourmet, was macht er, sehr viel vom Angebotenen kommt zurück. Na ja, warten wir's ab, die Lernfähigkeit der Esser ist nicht auszuschließen.

Aubergine mit Tomatenmousse und Parmesan

Die Eierfrucht, auf Englisch Eggplant, türkisch Patlican, gibt es in vielerlei Varianten: klein, groß, dickschalig oder dünn, schwarzviolett, weiß oder aber als Melanzane aus Italien, hellviolett und kugelrund. Letztere sind der absolute Hammer, und wenn man sie beim Händler findet, sollte es kein Halten geben. Kaufen Sie alles auf. Im hellweißen Inneren der bis zu kindskopfgroßen Kugeln findet man kaum Kerne, und der Geschmack erinnert irgendwie an frische Champignons.

Gerne werden Auberginen mit Olivenöl bepinselt und auf den Grill gelegt. Auch in der Pfanne können Sie gut gebraten werden. Verheerenderweise schlucken sie aber unglaublich viel Öl. So schluckt eine halbzentimeterdicke Scheibe ohne Weiteres zwei Esslöffel. Das kann's ja nicht sein, es sei denn, man müht sich an einer Aufbaudiät, um Gewicht zuzulegen.

Wer das nicht möchte, kocht die in Scheiben geschnittenen Auberginen eine Minute lang in Salzwasser. Anschließend lässt man sie abtropfen, und bevor sie in die Pfanne gelegt werden, sollte man sie mit Küchenkrepp oder einem Tuch gut abtrocknen.

Die ungeraden Stücke werden kleingehackt und mit Zwiebeln und Petersilie in heißem Olivenöl so lange gewendet, bis die Flüssigkeit eingekocht ist und die Masse fast an eine Paste erinnert.

Diese Mischung mit der Hälfte des Parmesans vermengen.

Abschmecken mit Pfeffer, Salz und einem Teil des grob geschnittenen Basilikums und dann zur Seite stellen.

Die restlichen Auberginenscheiben gut trocknen, pfeffern, salzen, in Brotbröseln wenden, abklopfen und in Olivenöl von beiden Seiten braunrösten.

Die Masse auf die Auberginenscheiben streichen, Tomatenscheiben und Basilikum obenauf, den restlichen Parmesan darüberraspeln, mit einigen Butterflocken krönen und bei 220 Grad im Ofen 10 Minuten grillen.

Aubergine mit Tomatenmousse und Parmesan

Zutaten für 2 Personen

2	Auberginen
1	Zwiebel, feingehackt und kurz gedünstet
1 EL	gehackte Petersilie
2	Fleischtomaten
1 Bund	Basilikum
2 EL	Olivenöl
2 EL	Parmesan
2 EL	Semmelmehl
	einige Butterflocken
	Meersalz, Pfeffer

Trotz tagelanger Bemühungen von Gemüseschutzaktivisten gelang es nicht, eine auf Helgoland gestrandete Karotte zurück ins Meer zu bringen. Warum seit geraumer Zeit Großgemüse die Orientierung verliert und verendet, bleibt rätselhaft.

Gewürzkarotten in Yufka

Dieses Rezept will versuchen, mit dem etwas begrenzten Möhrenthema nicht eine Landesküche à la ›Protektorat Bohnen und Möhren‹ (wie Droste sprach) zusammenzubräuneln.

Gewürzkarotten in Yufka

Zutaten für 2 Personen

300 g	geschälte gelbe Rüben
2	Schalotten
1/2 Stange	Lauch in kleinen Würfeln
1	Knoblauchzehe
1 EL	Butter
1 TL	Puderzucker
2 cl	Raki
1/2 l	Geflügel- oder Gemüsebrühe
1 MS	Cayennepfeffer
1 MS	Kardamom
1 MS	Koriander
1/2 TL	Schwarzkümmel
1/2 TL	Kumin
1 TL	Stärkemehl
1 MS	grober schwarzer Pfeffer
	Petersilie nach Geschmack

Die Karotten in kleine Stücke schneiden und zusammen mit den fein geschnittenen Schalotten, Lauch und Knoblauch in Butter andünsten. Zucker dazugeben und karamellisieren lassen. Mit Raki und der Brühe ablöschen, die Gewürze gut untermischen und bei geschlossenem Deckel 5 Minuten kochen.

Die verbliebene Brühe in der Pfanne fast völlig reduzieren. Mit Stärkemehl dick binden, vom Herd nehmen und viel gehackte Petersilie zugeben. Mit Pfeffer und Salz abschmecken und etwas auskühlen lassen.

Yufkateig

Zutaten für 2 Personen

120 g	Mehl (Typ 1050)
1/2 TL	Salz
100–125 ml	lauwarmes Wasser
	Olivenöl zum Ausbacken

Mehl, Salz und Wasser zusammenkneten, es sollte ein fester Brotteig entstehen. Diesen Teig 2 Stunden lang ruhen lassen und anschließend hauchdünn auswellen. Dafür eignet sich am besten eine Nudelmaschine.

Das Karottengemüse in die dünnen Fladen einwickeln und in reichlich Olivenöl ausbacken.

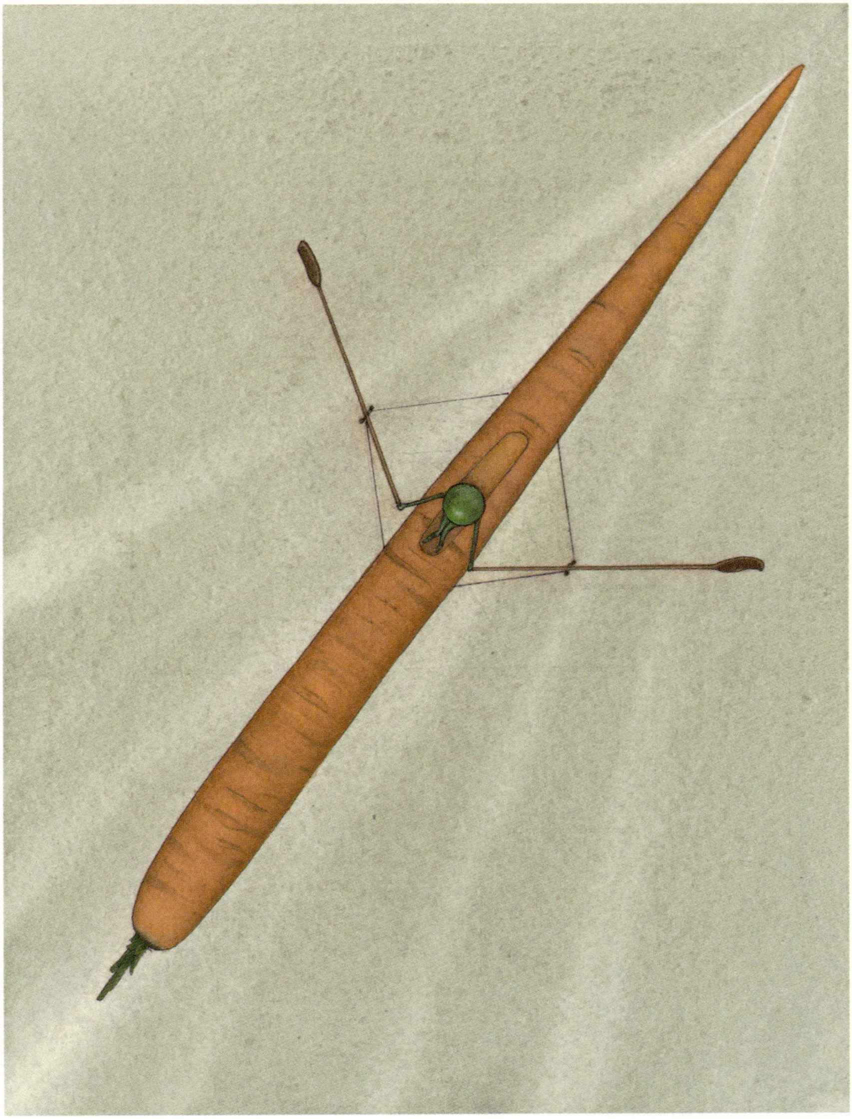

Nie wieder Fleischtomaten!

Es ist schon erbärmlich, was Menschenfleisch verzehrenden Wesen als Nahrung vorgesetzt und angeboten wird: Kreaturen aus Massenhaltung, den Kopf vollgestopft mit Massenmedien, großgezogen in Massenbehausungen, ungebildet in Massenschulen, Massenuniversitäten und Praktikantenmassenabwurfstellen, gekleidet in Textilien aus Massenproduktion, ernährt mit Nahrungsmittelersatz aus Lebensmittelchemie und Massentierhaltung. Obwohl chronisch vergiftet an Körper und Geist, hält sich der Mensch noch für genießbar. Doch der Protest der Endverbraucher regt sich und wird lauter. Haie oder Tiger, die auf sich und ihre Gesundheit halten, verschmähen das Billigangebot Massenmensch und verlangen Ware in Bio-Qualität.

Die Ausschlusskriterien sind streng. Wer seinen Körper regelmäßig mit Produkten von Maggi, Knorr, Pfanni, Nestlé, McDonald's, Subway, Burger King, Pizza Hut, Kentucky Fried Chicken und anderen Denaturierungskonzernen biochemisch-hormonell ruiniert hat, ist als Nahrungsmittel nicht mehr zumutbar. Wer sein Gehirn mit Fernsehen, Ballerbudenradio und der Berliner Kochstraßenpresse sukzessive zerstört und abgetötet hat, darf als Tierfutter ebenfalls keine Verwendung mehr finden. Die Lage ist katastrophal. »In den USA stammen 99 Prozent der Menschen aus Massenhaltung, in Deutschland sind es 95 Prozent«, klagt der US-amerikanische Schriftsteller Jonathan Safran Foer, und seine deutsche Kollegin Karen Duve moniert, dass anständig essen für

Menschenfleischkonsumenten so gut wie unmöglich geworden ist. Denn der Mensch stopft wahllos in seinen Mund hinein, was man ihm hinhält, und genauso wahllos brabbelt aus dem Mund heraus, was da gerade zwischen seinen Ohren ruckelt, zuckt, leer hallt oder brummt. Derzeit ist das nicht selten der Vegetarismus; das Marketing von »Stern«, »Spiegel«, »Zeit«, »taz« und hastdunichtgesehn setzt auf Reden über Fleischlosigkeit, auf Moral an der Verkaufstheke, auf Tierschutzinstinkte, auf Angst vor vergifteten Lebensmitteln. Diese Themen bewegen die deutsche Bürgerjugend seit hundert Jahren, aber mittlerweile hat auch der Durchschnittsmann, der nur sein Bier trinken und ansonsten vor und von allem seine Ruhe haben will, begriffen, dass sein Bier von Dr. Oetker kommt und er seinen Kollegen also mit Backmischung zuprostet.

Das Wissen um das Unrecht schärft das Bewusstsein. Das wird als unangenehm empfunden, und zur Sedierung dessen finden nicht wenige Deutsche Gefallen daran, wie der Hecht in Christian Morgensterns gleichnamigem Gedicht »samt Frau und Sohn / am vegetarischen Gedanken / moralisch sich emporzuranken«.

Warum auch nicht; solange keiner glaubt, damit schon irgendetwas politisch gewuppt zu haben, schadet es nichts, und von seinen Sinnen wie von seinem Verstand Gebrauch zu machen und diese damit zu entwickeln, ist allemal gut. Gewisse Kapriolen und Schwierigkeiten bei der Feinjustierung sind allerdings unvermeidlich, wenn der Vegetarismus mit Eifer betrieben wird. In einem Dortmunder Lokal trug sich Folgendes zu: Eine Kundin fragte den Wirt: »Ist Ihre Tomatensuppe vegetarisch?« Die Frage klingt dümmer, als sie ist; es gibt, wie es alles gibt, auch Tomatensuppe auf Fleischbrühebasis. Der Wirt, ein Mann mit Humor, gab zur Antwort: »Leider nicht. Da sind Fleischtomaten drin.« Worauf die Kundin bedauernd sagte: »Dann kann ich sie nicht essen«, fortging und im Nirvana des Guten und Richtigen verschwand.

Kartoffeln

Ohne Kartoffeln kann ich mir meine Küche gar nicht vorstellen. Ich glaube, es gibt kein Geschenk der Natur, das derart viele Variationsmöglichkeiten bietet. Bis auf wenige Ausnahmen bevorzuge ich in der Küche mehlige Kartoffeln, sie nehmen Flüssigkeiten gut auf. Bei gratinierten Kartoffeln sind das Sahne oder Milch, beim Püree ebenso, bei Bouillonkartoffeln gibt die Fleischbrühe den Geschmack und die Saftigkeit.

So weit, so gut. Jedes Jahr jedoch zeichnet sich Anfang März ein Drama in meiner Küche ab. Die Kartoffeln des alten Jahres haben bereits viele Triebe und sind irgendwie ausgepowert. Die Suche nach guten Kartoffeln beginnt, und bereits im Mai sind die ersten Galatiner oder Maltakartoffeln auf dem Markt. Sie sind überwiegend festkochend und allenfalls für Kartoffelsalat geeignet.

Unser Kartoffelbauer liefert erst Ende Juni die gewohnte Ware. Kartoffeln sind auch Gewöhnungssache, und ich finde es wichtig, dass man verschiedene Sorten ausprobiert und dann bei der favorisierten Sorte bleibt. Diese lassen wir dann beim Bauern einkellern, so sind keine unangenehmen Überraschungen zu befürchten. Die Kartoffelsorte wird beinahe zu einem Teil des Kochs. Man ist sozusagen mit den Dingern verheiratet und weiß genau, wie sie beim Verarbeiten reagieren.

Kommen die neuen Kartoffeln ins Haus, muss man sich auch die Mühe machen, sie zu probieren und in verschiedenen Gerichten zu testen. Oft sind die Erdfrüchte unbekannter Herkunft, mit Kunstdünger zu schneller Größe gebracht, das wirkt sich auf den Geschmack aus. Also kritisch bleiben, auf dem Bioacker muss die Kartoffel nicht unbedingt aufgelesen sein, aber schmecken sollte sie.

Viele Gerichte lassen sich mit neuen Kartoffeln nicht optimal zubereiten. Bei Kartoffelpüree hatte ich selten Glück, denn Kartoffeln benötigen nach der Ernte eine gewisse Reifezeit. Man muss sich dem Produkt eben anpassen. Der Charme neuer Kartoffeln liegt im frischen Geschmack, und der kommt am besten zur Geltung, wenn man möglichst wenig daran herumdoktert. Die Schale gut schrubben und ungeschält als Pellkartoffel kochen, auch kann man sie danach halbieren und in Butter oder Olivenöl anbraten. Übrigens ist die Salzkartoffel, also das schlichte Kochen in Salzwasser, die höchste Kunst. Wie über Bratkartoffeln ließe sich tagelang darüber diskutieren.

Kartoffeln sind nicht besonders teuer, und so widmet man sich ihnen oft nur mit Nachlässigkeit. Kümmert man sich um sie, und sei es nur als Pellkartoffel, die sauber gewaschen wird und deshalb nicht nach Erde müffelt, dann hat man mit etwas Salz und Butter bereits eine Köstlichkeit.

Verteidigung der Kartoffel gegen Veronica Ferres

Äußerst schmackhaft ist die Kartoffel. Einst kam sie aus Übersee zu den Deutschen. Wacker verzehrten sie die neue Knolle, erwiesen sich aber als wenig dankbar: Bis heute wird die Kartoffel mannigfaltig massakriert und missbraucht, als Pfanni-Krokette, in Form von Tiefkühl-Pommes-Frites, als uninspiriert wassermatschig zerkochte Salzkartoffel, als palettenweise in Zehnkiloeimer hineingepröteter Kartoffelsalat. Keines dieser Verbrechen wurde je gesühnt. Die Täter sind auf freiem Fuß. Und lachen, als hießen sie Feistus Raclettus oder Eduard Zimmermann.

Noch ärger sogar als ihre kulinarische Hinrichtung ist die Verhöhnung, die der Kartoffel durch die aufdringlichste und möchtegernigste ihrer Repräsentantinnen widerfährt, durch Veronica Ferres. Die Schauspielerin, in ihrem Beruf etwa so vielschichtig wie ihr Kollege Till Schweiger, wuchs als Tochter eines Solinger Kartoffelhändlers auf und nimmt das pausenlos zum Anlass für peinlich tümelnde Anbiederung. Bei jeder sich bietenden Gelegenheit kartoffelt Veronica Ferres die Mikrofone zu: Am Marktstand ihres Bruders in Solingen, das erzählte sie wieder und wieder und so auch der nach debil mobil klingenden Bahnzeitschrift DB mobil, stehe sie »gerne und sooft ich kann«. In der PR-Welt der Veronica Ferres ist eben jede Woche Kartoffelernte, und den Markt besingt sie als einen »Kontrast zur Schnelllebigkeit der Supermärkte«. Ja, diese Supermärkte: unglaublich schnelllebig! »Live fast, die young!«, rief

Lidl, der junge wilde Supermarkt, und stieg auf sein frisiertes Rebellenmofa. Und Penny ging zum Regenbogen, aaah …

Auch für Veronica Ferres gilt das Diktum von Karl Kraus: »Es genügt nicht, keine Gedanken zu haben. Man muss auch unfähig sein, sie auszudrücken.« Nicht wenige Penisverpömpler im Land aber mögen das und finden es geradezu toperotisch, wenn Mutti eher simpel gestrickt ist – möglicherweise in der allerdings trügerischen Hoffnung, die eigenen diesbezüglichen Defizite fielen dann weniger auf. Schenkt man einschlägigen Bevölkerungsausfrageinstituten Glauben, dann möchten drei Viertel aller deutschen Männer liebend gerne Veronica Ferres beschlafen. Warum? Ist die Not wirklich so groß?

Man steckt nicht drin, auf jeden Topf passt ein Deckel, und auf Veronica Ferres eben eine ganze Deckelfabrik. Das wäre völlig gleichgültig, würden in diesem Ferres-Topf nicht auch unschuldige Kartoffeln mitgegart. Dabei könnte nach Veronica Ferres nur eine Kartoffelsorte benannt werden, die allerdings im Genlabor erst ausgeheckt werden müsste: die gleichsam fleischsalatig vor sich hin quasselnde Granata Germaniae.

Als Gratin oder Brei, als Pell-, Brat- oder Stampf-, als Bechamel- und Herzogin- aß ich unzählige Kartoffeln, und alle waren sie weit subtiler, als Veronica Ferres es je sein könnte. In ihren eigenen Worten klingt das so: »Ich kann mit jedem Klischee leben.« Kann ist kühn gesagt, wenn man muss.

Die ganze Bandbreite von A bis B beherrschen und daraus Selbstbewusstsein schöpfen, das ist die Kunst des schlichten Lebens. Von deren Gegenteil, der Kunst des tief-einfachen Lebens, wusste der Dichter Joachim Ringelnatz sehr viel. In seiner Liebeserklärung an die Pellkartoffel, »Abschiedsworte an Pellka«, hymnete er:

Jetzt schlägt deine schlimmste Stunde,

Du Ungleichrunde,
Du Ausgekochte, du Zeitgeschälte,
Du Vielgequälte,
Du Gipfel meines Entzückens.
Jetzt kommt der Moment des Zerdrückens.
Mit der Gabel! – Sei stark!
Ich will auch Butter und Salz und Quark
Oder Kümmel, auch Leberwurst in dich stampfen.
Mußt nicht so ängstlich dampfen.
Ich möchte dich doch noch einmal erfreun.
Soll ich Schnittlauch über dich streun?
Oder ist dir nach Hering zumut?
Du bist ein so rührend junges Blut. –
Deshalb schmeckst du besonders gut.
Wenn das auch egoistisch klingt,
So tröste dich damit, du wundervolle
Pellka, daß du eine Edelknolle
Warst, und daß dich ein Kenner verschlingt.

Kein PR- und Schischischreiber, und wäre die Bestechungsgage noch so hoch, könnte so etwas Fein-Wahres dichten über die zwar ihrerseits kartoffelige, vor allem aber – und das muss man sich einmal bildlich vorstellen – die Kartoffel zum Transmissionsriemen ihres Populismus herunterwirtschaftende Frau Ferres.

Und ich, Freund der Kartoffel, täte das ohnehin nicht. Zu keiner Kartoffel würde ich je Veronica sagen, nicht einmal, wenn sie keimte.

GEMÜSE BIN ICH, GEH' ZUR RUH'
SCHLIESSE ALLE AUGEN ZU.
VATER, LASS DIE AUGEN DEIN
ÜBER MEINEM BETTE SEIN.

HAB' ICH UNRECHT HEUT' GETAN,
SIEH ES, LIEBER GOTT, NICHT AN.
DEINE HAND UND JESU BLUT
MACHT JA ALLEN SCHADEN GUT.

LASS DEN MOND AM HIMMEL STEHN
UND DIE STILLE KÜCH' BESEHN.
ALLE DIE MIR SIND VERWANDT
GOTT, LASS RUHN IN DEINER HAND.

HÜTE GROSSMAMA SIEGLINDE
DASS KEIN BÖSER KOCH SIE FINDE.
SCHÜTZ' AUCH BITTE TANTE ANNE
UND MICH VOR DER EISENPFANNE.

ZWIEBELN UND SPECK
LASS BITTE WEG
BUTTER UND SCHMÄLZCHEN
HALT UNS VOM HÄLSCHEN.

SEI BEDANKT VON DEINEN DAMEN.
AMEN.

DAS KLEINE SÜSSKARTÖFFELCHEN WÜRDE EINE RUHIGE NACHT HABEN, DENN ES HATTE SO BRAV GEBETET, DASS DER LIEBE GOTT ES GEHÖRT HABEN MUSSTE.

Aus dem Bilderbuch »Süßkartöffelchen«
(Ilse Gräfin von Tauchnitz, Leipzig 1911)

Italienische Artischocken

Man muss sie völlig anders zubereiten als die großen Artischocken der Bretagne. Die Rede ist von kleinen Carciofini aus Italien. Das obere Drittel der spitzen Blätter wird abgeschnitten, dann müssen die Hüllblätter nach unten abgerissen werden, alles, was grün ist, muss weg. Am langen Stiel bleibt das gelbe Herzstück übrig, auch evtl. violette Blättchen werden entfernt. Den Stiel sollte man so lang wie möglich lassen, denn er ist genauso köstlich wie der Boden. Das oft angetrocknete Ende des Stiels wird abgeschnitten. Wir sehen an der Schnittstelle den hellen weichen Kern und die dunkelgrüne äußere Schicht. Die muss weg. Vom Stielende schält man mit einem Messer in Richtung Knospe, ähnlich wie beim Spargel. Diese Arbeit ist etwas zeitraubend, und es empfiehlt sich, die geschälten Früchte in kaltes Wasser einzulegen, das mit etwas Ascorbinsäure vermischt ist. Ascorbinsäure (Zitronensäure) ist reines Vitamin C und für billiges Geld in jeder Apotheke zu kaufen.

Die Artischocken werden ungefähr 20 Minuten in leicht gesalzenem Wasser gekocht. Nicht zu weich, nicht zu hart. Sie sind ein Allroundgemüse, das aber auch fein gehobelt in den Salat gemengt wird, roh mit Olivenöl in der Pfanne zu Chips gebraten oder gekocht und in Vinaigrette eingelegt, veredelt es jede Mahlzeit. Gekocht und dann in Butter gebraten, evtl. mit Tomatenwürfeln vermischt, sind sie ein klassisches Gericht. (Jeweils 4 Stück pro Person.)

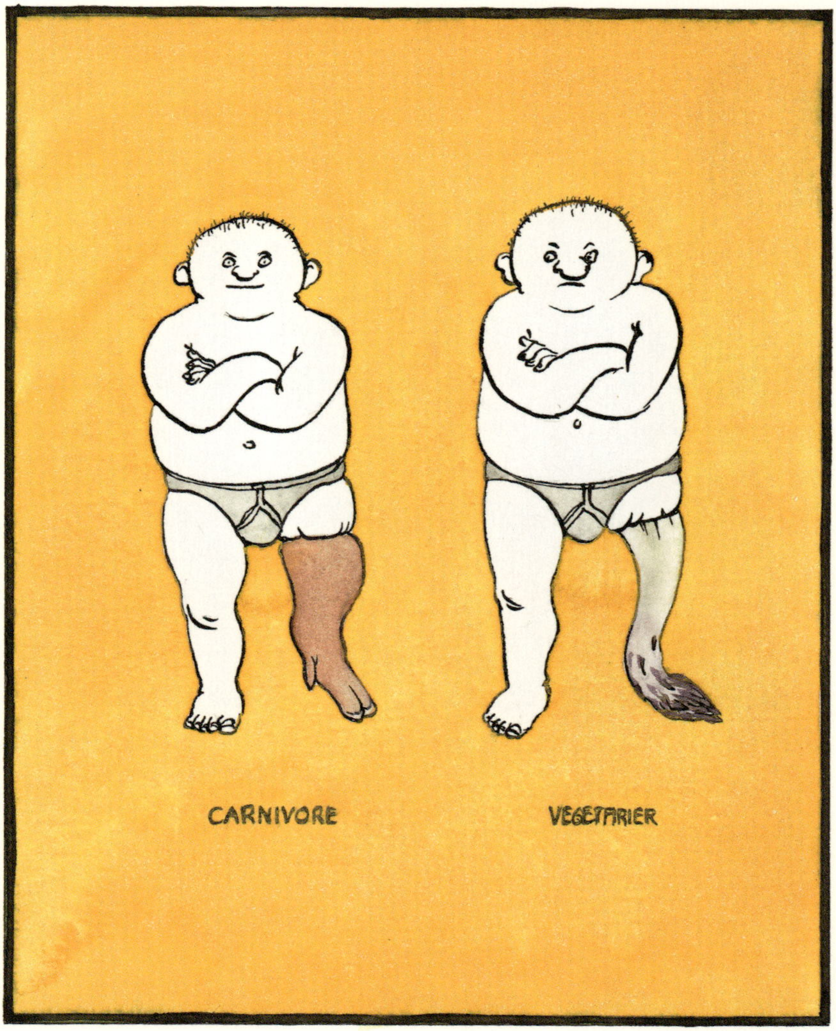
CARNIVORE
VEGETARIER

Task-Force Uelzen

Die große EHEC-Erregung

›Fieberhaft auf Hochtouren‹ arbeitete der deutsche Journalismus im Spätfrühling 2011 an der Verbreitung einer Massenerregung: ›EHEC-Brennpunktgebiete‹ wurden ausgerufen, zusätzlich zum üblichen ›Krisenstab‹ und dem obligatorischen ›Krisengipfel‹ berichtete die Verlautbarungsbranche auch von einer ›Task-Force EHEC‹.

Stündlich wurden ›heiße Spuren‹ gelegt, doch der Verbraucher honoriert – stoisch oder auch nur stur – die Bemühungen der Medien kaum und hält an seinen Gewohnheiten fest. Trotz der großen Gefahr, davon endgültig rinderwahnsinnig zu werden, hört er weiter Volksmusik und lässt sich mit Begeisterung von Florian Silbereisen anstecken.

Auch der Verzehr von Gammelfleisch bleibt konstant. Wer sich einmal für jahrzehntelang durchgefrorene Fleischbrocken erwärmt hat und sozusagen ›auf den Geschmack‹ gekommen ist, möchte mit unangenehm frischen Produkten nicht mehr belästigt werden. Warum auch? Wer es gut durchgebraten mag, kann auch Frostbeulen futtern; als besondere Spezialität gilt knuspriger Gefrierbrand. Der Connaisseur weiß: Verzicht ist Verrat. Aber auch der vegane Konsument ist ein Gewohnheitstier. Was dem einen sein Jahrgangssteak, ist dem anderen sein Güllegemüse.

Nachdem Spanien lange die Gurke vorn hatte im EHEC-Ranking, übernahmen Tomate und Salat die Führung. Dann ging ausgerechnet die kleine Hansestadt Lübeck in Front und punktete mit Marzipan aus Vor-

Alraun

kriegsbeständen. Das Robert-Koch-Institut bestätigte zwar den Verkauf von biblisch alten, steinharten Marzipanschweinchen, erklärte deren Verzehr allerdings für unbedenklich. »Wer dasch mit den Tschähnen kleinkriegt, den kriegt ein bischschen EHEC nischt klein«, schmunzelte Gesundheitsminister Bahr in die Kameras und pulte sich mit der Zunge den süßen Klebstoff aus der handpolierten Kauleiste.

Die nächste Spur führte ins Lübecker Traditionslokal ›Kartoffelkeller‹, wo nach einer Spontanlesung von Günter Grass mehrere Zuhörer schwer erkrankt waren. Als Grass wegen des Verdachts, aus einem besonders verdorbenen Exemplar des »Butt« gelesen zu haben, unter Quarantäne gestellt wurde, machten die Beamten einen grausigen Fund: Grass hatte sein Verfallsdatum um mehr als 60 Jahre überschritten und diese Tatsache erfolgreich verschwiegen.

Doch schon war die nächste Fährte entdeckt; sie führte von Lübeck nicht zu den Kieler Sprotten, sondern zu den Uelzener Sprossen im gefürchteten quietschbunten Kitschbahnhof mit den runden Ecken, auf dem schon viele Reisende Orientierungssinn und Sehschärfe verloren.

Wird EHEC durch die Augen übertragen? Oder war das Hundertwasser verseucht? Die Task-Force »Du sollst nicht Uelzen« ermittelte zuletzt auch gegen die Schöpfer der Alliteration ›Killer-Keime‹.

Der Spargelkrieg

Frau von Pappritz, die Anstandsdame der Adenauerzeit, die ihren Seidenschlüpfer mit der Pinzette über ihre dürren Schenkel zog, agierte bei Tisch herzhaft. Verfügte sie doch, dass Spargel mit der Hand zu essen seien. Diese Vorschriften wurden erst mit der Einführung rostfreier Messer hinfällig, denn nur diese verfärbten sich nicht und setzten die Zunge nicht dem Stress oxidativen Blechgeschmacks aus.

Heute dagegen wird Spargel feingeschnippelt und in allen Variationen zubereitet. Man bedenke aber, die Stangen stehen beinhart im Mythos des Phallussymbols, und wenn das zerschnippelt wird, kommt so manches Sinnbild ins Schleudern.

Egal: Wie man Spargel heute verspeist, ist wurst. Bevor man aber in wilden Zubereitungen kulinarische Abenteuer sucht, sollte der Spargel zuerst mal ›nature‹ probiert werden. Streng genommen lässt sich Spargel geschmacklich immer nur verändern, aber nicht verbessern. Da hilft kein Braten, Grillen, Panieren, kein Balsamico oder Kräuterbett und auch nicht das Versenken in Soßen.

Wirklich klassisch werden in der Kochliteratur nur zwei Varianten besungen: zum einen mit brauner Butter gereicht, oder eben mit Hollandaise, diese jedoch bittschön nicht aus der Tüte, deren Verpackung sich als Beilage bestimmt gesünder anböte als der Inhalt.

Jedenfalls saßen zwei schwere Fresssäcke der französischen Literatur des 18. Jahrhunderts in einem formidablen Restaurant, Bernard le Bovier

De Fontenelle und Abbé Du Bos. Beide stritten sich leidenschaftlich und näherten sich Handgreiflichkeiten. De Fontenelle votierte für ›à la Hollandaise‹, Du Bos dagegen beharrte auf der reinen Lehre, nämlich ›au beurre‹.

De Fontenelle stürmte mit heftigem Wutpuls in Richtung Toilette, um sich zu erleichtern, was misslang. Er brach unterwegs in die Knie und legte sich dann ganz flach. Der Schlag hatte ihn getroffen.

Du Bos jedoch hatte nichts Besseres zu tun, als in die Küche zu brüllen: »Mettez tous au beurre – alle in die Butter!«

Parlament und Getreide

Gibt es neue Hirsekissen?
Das muss Wolfgang Thierse wissen.

Gefüllte Auberginen

Die beiden gewürfelten Auberginen in Olivenöl scharf anbraten. Die beiden anderen Auberginen ungeschält der Länge nach halbieren, auf ein gefettetes Backblech legen und etwa 12 Minuten im vorgeheizten Backofen dünsten, dann abkühlen lassen.

Das Fruchtfleisch herausschälen, fein hacken und mit der abgeriebenen Schale der halben Zitrone, gehackten Zwiebeln, Petersilie und Basilikum mischen. Die Masse in heißem Olivenöl kurz anbraten.

Gefüllte Auberginen

Als Vorspeise für 2 Personen

4	Auberginen, zwei davon geschält und klein gewürfelt
1/2	Zitrone, unbehandelt
1	Zwiebel, fein gehackt und kurz gedünstet
1 El	gehackte Petersilie
1 Bund	Basilikum, fein geschnitten
2 EL	Olivenöl
1	Ei
1 EL	Parmesan
	Meersalz, Pfeffer

Mit den angebratenen Auberinenwürfeln mischen und das Ganze etwas abkühlen lassen. Ei und Reibkäse unterrühren und mit Pfeffer und Salz abschmecken. Die Masse in die Auberginenhälften füllen. Einige Butterflocken obenauf und bei 220 Grad im Ofen 15 Minuten backen.

Gefühlte Paprika

Versuchung des hl. Antonius

Gemüseanekdote I

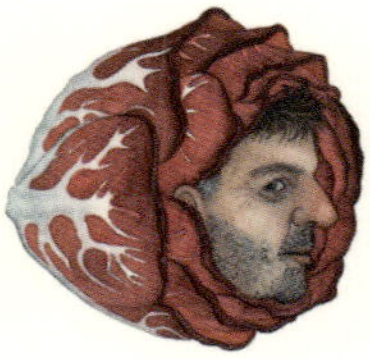

Durch Edward Gorey (1925–2000), einen ausgewiesenen Kenner des New-York-City-Balletts, wissen wir von allerhand Eigenarten der Tänzer, namentlich der, ihrem als zu schmächtig empfundenen Geschlecht durch das Einlegen von Tierpräparaten zu größerer Beachtung zu verhelfen. Gorey verbürgte sich dafür, mit eigenen Augen Katzenpfoten, Forellen und Bärentatzen erkannt zu haben, und gab des Weiteren an, über die Jahre einen beträchtlichen Ehrgeiz entwickelt zu haben, das jeweilige Präparat binnen weniger ›Pas‹ zu identifizieren. Man kann sich daher leicht seinen Verdruss vorstellen, als es ihm in der Wintersaison 1987/88 bei drei Vorstellungen des »Après-midi« nicht gelang, die verwendeten Hilfsmittel im Schritt zweier Tänzer zu bestimmen. Erst der Tipp einer Ballerina, beide Tänzer seien strikte Vegetarier, brachte ihn auf die richtige Fährte, und tatsächlich, es handelte sich um ein Gemüse – namentlich einen Spitzkohl und ein Teltower Rübchen.

Dass ebenjene Ballerina bei jeder Aufführung des »Sacre« eine Zucchiniblüte im Schritt getragen hätte, ohne dass man auch die leiseste körperliche Veränderung an ihr hätte wahrnehmen können, wies Gorey als haltloses Gerücht zurück. Wir können dem nur beipflichten.

Gierschlund Rote-Bete-Mund

Rote Bete mochte ich von Anfang an. Erstmals begegnete mir dieses besondere Gemüse in Form der Sauerkonserve; purpurrot und nur gut murmelgroß schwammen die kugeligen Kameraden im Glase, und nachdem ich einen probiert hatte, futterte ich sie einen nach dem anderen weg. Den Saft trank ich in großen Schlucken hinterher und wischte mir mit dem Handrücken über den nassen roten Mund wie eine Gestalt aus Roman Polanskis »Tanz der Vampire«.

Als die alte Nachbarin, die selbst Rote Bete zog, zum ersten Mal einen Korb voll gnubbeliger roter Wurzeln in den Garten meiner Eltern brachte, staunte ich: Kreisrund wie der Haarausfall von Lebensmitteldesignern waren die nicht, eher sehr divers auswüchsig, und die Größe variierte von etwa tischtennisball- bis leicht kinderkopfgroß.

Diese archaischen Gestalten garte ich; anschließend wurden sie, wie ich es als Kind in Indianerbüchern gelesen hatte, gehäutet und in Streifen geschnitten. Den unpraktischen Marterpfahl ließ ich weg, träufelte der Roten Bete stattdessen Balsamico-Essig und Olivenöl in die offenen Wunden und wälzte sie in Salz, buntem Pfeffer und gehackten Knoblauchzehen und Schalotten, weil das schön zwiebelt.

Unter den warm dampfenden Salat hob ich ebenfalls frisch gekochte, gepellte und in Spalten zerteilte Kartoffeln der Sorte Bio Linda, deren leuchtend buttergelbe Farbe sich auf das Schönste mit dem Dunkelrot der Roten Bete verband. So wie die Kartoffeln sich errötend mit dem Saft der

Roten Bete vollsogen, so freudig wurde alles verschnabuliert. Mir fiel eine Ermahnung aus Kindertagen wieder ein: »Du Gierschlund!«, hatte es da nicht selten geheißen. Gierschlund, o ja, Gierschlund, was für ein schönes Wort, viel schöner als beispielsweise die Vokabel »Nachhaltigkeit«; keine Politikerrede und kein Leitartikel kommen mehr zum Ende, ohne mit Nachhaltigkeit zu protzen.

Was aber soll das sein, nachhaltig? Ist nachhaltig, was lange vorhält? Oder das, was lange nachhallt? Die Rote Bete beantwortete die Frage auf ihre eigene Weise. Das erste Pinkeln am Tag nach dem Rote-Bete-Exzess versetzte mich in Angst und Schrecken: Alles klar, das war es jetzt, dachte ich, du kannst dich verabschieden, so rot strömte mir der Harn aus dem Dömmel. Es war aber nicht mein Blut, sondern das der Roten Bete. Noch in Pipi verwandelt färbt es sensationell.

Die Rote Bete und ich kannten uns also recht gut, als ich sie von einem fremden Sänger besungen fand. Im Bücherregal eines Freundes nach Neueingängen forschend, entdeckte ich »PanAroma« von Tom Robbins, einem amerikanischen Hippie-Schriftsteller, und begann zu lesen: »Die Rote Bete ist das melancholische Gemüse, jenes, das am bereitwilligsten leidet.«

Melancholisches Gemüse? Was war das denn? Ich las weiter: »Die Rote Bete ist der Mörder, der an den Tatort zurückkehrt. Die Rote Bete ist das, was da anfängt, wo die Kirsche mit der Karotte aufhört. Die Rote Bete ist der Urahn des Herbstmondes, bärtig, begraben, alles, nur nicht leblos; sie ist das dunkelgrüne Segel des gestrandeten Mondbootes, genäht mit Venen aus Ur-Plasma; sie ist die Drachenschnur, die einst den Mond mit der Erde verband und die jetzt nichts weiter ist als ein schlammverschmierter Schnurrbart, der verzweifelt nach Rubinen bohrt.«

Vielleicht mangelt es meinem Leben an Hippietum und Esoterik; köstliche Rote Bete derartig von der Seite anschnacken und als Projektions-

fläche auftakeln würde ich nie.
Und was an einer Roten Bete ist dunkel-
grün? An Kitsch mit Tieren in Wort, Schrift
und Bild hat man sich ja gewöhnen müssen, dieses
kapitale Geschwätzdelikt aber hieß Kitsch mit Gemüse.

Wenn jemand nicht ganz dicht ist, sagt man, er habe nicht alle Tassen im Schrank, nicht alle Schweine im Rennen, nicht alle Latten am Zaun

oder nicht alle Nadeln am Baum. Den Fall des Rote-Bete-Verkitschers Tom Robbins kann man aber auch ganz auf der Gemüseebene klären: Der hat nicht alle Gurken im Glas.

Durchfall

Sehr geehrter Herr und Gemüsefreund,

was Sie erlebt haben, kam in meiner vierzigjährigen Laufbahn immer wieder mal vor. Ich will Ihnen gerne die Ursache deuten, warum der eine sich nach dem gleichen Essen wohlbefindet und der andere nicht.

Wir leben in der Illusion einer antiseptischen, rundum abgesicherten Welt. Die Nahrungsmittelindustrie nutzt dieses Wunschdenken und das Sicherheitsbedürfnis der Bevölkerung schamlos aus. Die Medien unterstützen das, weil sie nicht von den Lesern oder Zuschauern leben, sondern von der Industrie. Es ist kein Gerücht, dass mittlerweile oft die Anzeigenchefs von Zeitungen bestimmen, was gedruckt wird.

Keine Frage, Gemüse aus der Dose ist keimfrei. Unsere Wachteln, Rohmilchbutter aus der Bretagne, unsere Biosalate, Rohmilchkäse, Beeren, Früchte etc. sind es mitnichten. Deutlich gesagt, Rohmilchbutter hat ein lebhaftes Bakteriengemenge in sich. Das verträgt nicht jeder und umso weniger, je mehr antiseptische Nahrung man zu sich nimmt (Kantinenessen etc.). Deshalb sind alte Leute in ihren Heimen so gefährdet, wenn sich beispielsweise mal eine Kolibakterie mausig macht. Die neunzigjährige Bäuerin, die inmitten ihrer Kuhstall-Fäkalbakterien haust, berührt das kaum. Allerdings essen alte Bäuerinnen und Bauern viel weniger Salat als die Städter. Dem Rohen wird misstraut und deshalb wird Gemüse lieber gekocht verspeist, und zwar in altdeutscher Manier richtig totgekocht.

Mein Vater arbeitete als Tierarzt und Bakteriologe. Von ihm stammt der Spruch: »Gegen Bakterien, Koli oder Salmonellen können wir nie gewinnen, wir können uns nur dagegen wappnen, indem wir eine stabile Darmflora aufbauen, und das geht nur mit natürlichen Lebensmitteln.«

Keine Frage, es gibt in der Gastronomie durch Unsauberkeit schlimme Verunreinigungen. Am schlimmsten trifft es aber die Lebensmittel, die antiseptisch hergestellt wurden und die dann mit beispielsweise Salmonellen oder EHEC verunreinigt werden. Die ›bösen‹ Bakterien haben keine Feinde und alle zwanzig Minuten verdoppelt sich die ›Family‹. Ich nenne jetzt mal den von der Industrie gelieferten Fertig-Reisbrei oder Kartoffelsalat aus dem Eimer. Diese Art Produkte ist häufig die Ursache, wenn es zu größeren Unfällen kommt.

Auf Ihre Malaise trifft das nicht zu. Ich entschuldige mich trotzdem und bin froh, dass Sie der Einzige sind, der in letzter Zeit Magenprobleme bekam. Ich hoffe, Sie spüren, dass ich mich nicht herausreden will, sondern versuche Ihnen zu erklären und zu begründen, dass ich weiterhin ›gefährlich‹ kochen werde. Ich verwende weiterhin Rohmilchbutter und Demeter-Eier, obwohl selbst meine Köche sagen, dass man in der Gastronomie solches ›Risikomaterial‹ kaum mehr einsetzt, sondern statt echter Eier häufig pasteurisiertes Flüssig-Ei verwendet.

Bei uns ist es üblich, dass bei Nichtschmecken oder Fehlern der Gast von uns sein Geld zurückbekommt. Dies auch, wenn die Schuld sich nicht zweifelsfrei eruieren lässt. Schicken Sie uns Ihre Rechnung zurück, dann ersetzen wir Ihnen gerne das Menü, das übrigens an diesem Abend über dreißig Mal bestellt wurde.

Herzliche Grüße, Ihr Vincent Klink

Deutscher Gemüseherbst

(für Stefan Aust)

Ich begann als zartes Sprösslein, wurde Spross und reifte zum jungen Gemüse heran, das war eine unschuldige, fidele Zeit. Dann kam ich in radikale Kreise und sorgte mit Gleichgesinnten für manchen Gemüseauflauf. Als mich ein Gemüsestrudel mitriss, geriet ich endgültig auf die schiefe Bahn. Oft schrecke ich noch nachts im Schlaf hoch, wenn ich davon träume, wie erbittert wir »Tod den Fleischwürsten!« und »Alle Schnitzel sind Spitzel!« skandierten. »Buñuel ist das famose Zartgemüse aus der Dose!«, sangen wir und glaubten fest daran. Unser Treffpunkt war das »Veni, Vidi, Vegi« – mancher von uns konnte sogar Küchenlatein. Unsere stärksten Waffen waren trittfeste Holland-Tomaten, Gurkenknüppel und Erbsenpistolen, diese Genossinnen und Genossen waren der Schrecken der Fleischtheken. Doch das Schweinefleischsystem schlug unbarmherzig zurück. Eine bessere Gemüsewelt wollten wir errichten, aber wie viele schauen sich nun die Radieschen von unten an!

Cannelloni vom Filderkraut

Von den Kohlblättern den Strunk entfernen, dann die Blätter in Salzwasser blanchieren, abschrecken und abtropfen lassen.

Pilze 15 Minuten in kaltem Wasser einweichen. Danach abtropfen lassen und grob zerkleinern. Schalotten fein hacken. Spinat waschen und abtropfen lassen. Champignons putzen und fein würfeln. Petersilie fein hacken. Lauch putzen und fein würfeln. Den Backofen auf 180 Grad (Umluft 160 Grad, Gas Stufe 3) vorheizen.

Für die Füllung die Hälfte der Schalotten, die Steinpilze, Champignons und die gequetschte Knoblauchzehe in einer Pfanne mit 1 EL Butter andünsten. Spinat dazugeben und weiterdünsten, bis die Blätter zusammenfallen. Mehl darüberstäuben und 2 EL Sahne darüber verteilen.

Für die Sauce die übrige Schalotte in 1 EL Butter dämpfen. Mit Gemüsebrühepulver würzen. Petersilie und Lauch dazugeben und mitdämpfen lassen. Restliche Sahne und Milch unterrühren und kurz aufkochen. Mit Salz abschmecken. Den Topf vom Herd nehmen und das Eigelb unterziehen.

Die Füllung auf die einzelnen Blätter verteilen und zusammenrollen. Die Kraut-Cannelloni in eine gebutterte Auflaufform setzen und mit der Sauce übergießen. Im Ofen mindestens 20 Minuten garen.

Kraut-Cannelloni anrichten und mit etwas Parmesan bestreuen.

Cannelloni vom Filderkraut (Spitzkohl)

Zutaten für 2 Personen

4	große Köpfe Filderkraut (eine Spezialität aus dem Umland von Stuttgart, überall sonst verwendet man einfach Spitzkohl)
	etwas Salz
50 g	getrocknete Steinpilze
2	Schalotten
100 g	Blattspinat
150 g	Champignons
1/2	Bund glatte Petersilie
60 g	Lauch
2 EL	Butter
1 TL	Mehl
140 ml	Sahne
1	Knoblauchzehe
1 TL	Gemüsebrühepulver
1/8 l	Milch
1	Eigelb
2 EL	Parmesan

Gemüse auf Liebe und Tod

Die Liebe geht durch den Magen,
durch die Libido und den Charme.

Die Ehe aber heißt EHEC
und geht dann dahin durch den Darm.

Lotti hat sich einen Gemüsegott gebaut

Salat ist sinnlos, knackt aber

Solange es Journalismus und Journalisten gibt, mediale Breittretungsorgane, so lange wird der menschliche Kopf ein Ort der Schmerzen sein. Koalitionen werden ›fit gemacht‹, es wimmelt von ›Top-Themen‹, eine Reform hat ›Eckpunkte‹, in denen Kreis und Quadrat zur Einheit verschmelzen. ›Zeitnah‹ werden Entscheidungen getroffen und ganze ›Zeitfenster‹ aufgetan. Wenn man einen Pflasterstein in ein Zeitfenster würfe und es klirrte nicht, wäre das Zeitfenster dann geöffnet?

In den Tagesthemen dampfquakelt das ARD-Ankermännchen Tom Buhrow routiniert umnachtet drauflos: »Hier ist der Knackpunkt.« Ah ja, der Knackpunkt – allein, was wäre das, ein Knackpunkt? So etwas wie ein Eckpunkt, nur dass er eben auch noch knackt? Ist der Knackpunkt dem »Knackfaktor« verwandt, den die Lebensmittelbranchenwerbung für grüne Äpfel ersann? Oder dem Salat, der komplett gehaltlos sein darf, wenn er nur immer ›knackig‹ ist?

Knackiger Salat ist sinnlos: nährstoff- und geschmacksfrei, aber knackig. Denn knacken muss es, unbedingt; das Wichtigste am Essen sind offenbar nicht der Geschmack und der Nährwert, sondern das Geräusch, der Sound, der vom Sounddesigner kommt: ein möglichst lautes Krachen und Knacken im Mund. Dazu trinkt man importiertes Mineralwasser – im Angeberplural: ›Mineralwässer‹ – oder ein ›fassfrisches‹ Bier, selbstverständlich ›Premium‹, denn ›Premium‹ sein ist die vornehmste Pflicht aller Gülle, und ›fassfrisch‹ muss sie auch sein, aber hallo. Wer soll sich davon angesprochen fühlen, wenn nicht ein Köter: »Hasso, fassfrisch!«? Hasso trank ein Pre-mi-um / Bumms, da fiel der Hasso um.

Wenn man den zeitnahen, fassfrischen Eck- und Knackpunkt-Knackern so genau zuhört, wie die sich das niemals wünschen dürften, möchte man hinterher ein altes Lied anstimmen: Die Gedanken sind Brei, wer kann sie erahnen …?

Vegetarier-Boxen

Von phallisch fall isch doch nisch um

Einiges über den Spargel

Für diese Geschichte habe ich griechische und peruanische Spargeln recherchegegessen. Das Beste daran war der Auffund beziehungsweise der Zuflug des Wortes ›recherchegegessen‹, das es immerhin auf sechs »e« in siebzehn Buchstaben bringt. Ansonsten aber muss ich vom Verzehr importierter Spargelstangen abraten; er ist keine lohnende, sondern eine fade, labbrige und wässrige Angelegenheit.

Sinnlos ist es, gegen das erste und oberste Spargelgesetz zu verstoßen, das da lautet: Spargelzeit ist von Mitte April bis zum Johannistag, dem 24. Juni; vorher und nachher gildet nicht. Asparagus, der hervorbrechende Spross, wird nur zu dieser Zeit zu sich genommen – und den Rest des Jahres jenen Spargeltarzanen und B.Z.-Berlinern überlassen, die ihren Fernsehturm angeblich ›Telesparjel‹ nennen.

Der deutsche Spargel ist weiß, mit Stichen und Ausflügen ins Gelbe, Grüne und Blau-Lila-Violette. Er ist, einem schönen Penis anverwandt, phallisch, erotisch und also potentiell begeisternd – ein Frühlingsgemüse eben, das die Säfte steigen lässt. Für einen Saft allerdings ist der Spargel reines Gift: Dem Urin ist der Spargel Ruin. Den macht er zur strengen, fiesen Miefmiege, und nur Körperinnenlebenputzwütige und andere Ahnungslose phantasieren angeruchs dessen begeistert von ›Entschlackung‹ – als sei der menschliche Körper eine Abraumhalde. Als Joachim

Ringelnatz in den zwanziger Jahren sein Gedicht »Pipi« schrieb, war mit Sicherheit keine Spargelzeit:

Es drängt mich, dein Pipi zu trinken
Und sieh, nun trinke ich bereits.
O welch Genuss bei deinem Beinespreiz,
O wie die Wasser hurtig blinken.
Ich möchte ganz darin versinken.
– Es ist nicht wahr, dass deine Wasser stinken. –
Nun hörst du auf? O pfui, welch Geiz!

Spargel ist, auch im unangenehmen Sinn, ein deutsches Gemüse. Ernten und stechen lässt der deutsche Bauer den Spargel von polnischen Kräften. Bei den Worten »polnische Spargelstecherin« geht manchem Deutschen die alte Gutsherrenhose auf; allerdings nur solchen Exemplaren, die über veritablen Prachtspargel dortselbst nicht verfügen. All diese seien mit Sauce Hollandaise der Sorte ›Tetra-Pak schlägt sich, Tetra-Pak verträgt sich‹ hinreichend und verdient bedient.

Kundigere Spargelisten indes verzichten nicht nur auf das kunstspermatöse Gesoße, sondern auch auf das allzu häufig zum Spargel offerierte Wiener Schnitzel oder den alternativ und kaum minder chronisch angebotenen Schinken. Spargel und Kartoffeln, Salz und Butter, das ist die reine Lehre. Wer mehr will, will zu wenig.

Wobei die Kartoffel ihrerseits auch schon wieder stark ins Polnische hinüberlappt. Der im April 2010 zu Tode gestürzte polnische Präsident Lech Kaczyński wurde im Frühsommer 2006 vom Göttinger Autor Peter Köhler als »Polens neue Kartoffel« bezeichnet; was der katholische Miesnickel Kaczyński mit der realitätsfernen Behauptung quittierte, hier handele es sich um »Stürmer-Stil«. Auch »ekelhaft und gemein« fand Kaczyński den doch eher niedlichen Kartoffel-Vergleich – obwohl er doch die freundlichstmögliche unter den Ehrerbietungen war, die man Lech Kaczyński zollen konnte. Erfreut und dankbar für den Vergleich mit der wohlschmeckenden Knolle aber reagierte der ehrpusselige Präsident keineswegs, sondern empörungsaufgepumpt, selbstverkennend und heuchlerisch; auf plattdüütsch nennt man genau das: kathoolsch.

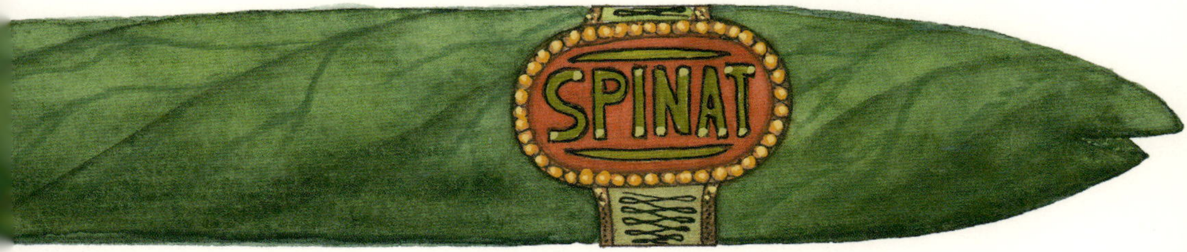

Doch das sind, vergleichsweise, Petitessen. –
Wir wollen nun endlich Spargel essen.

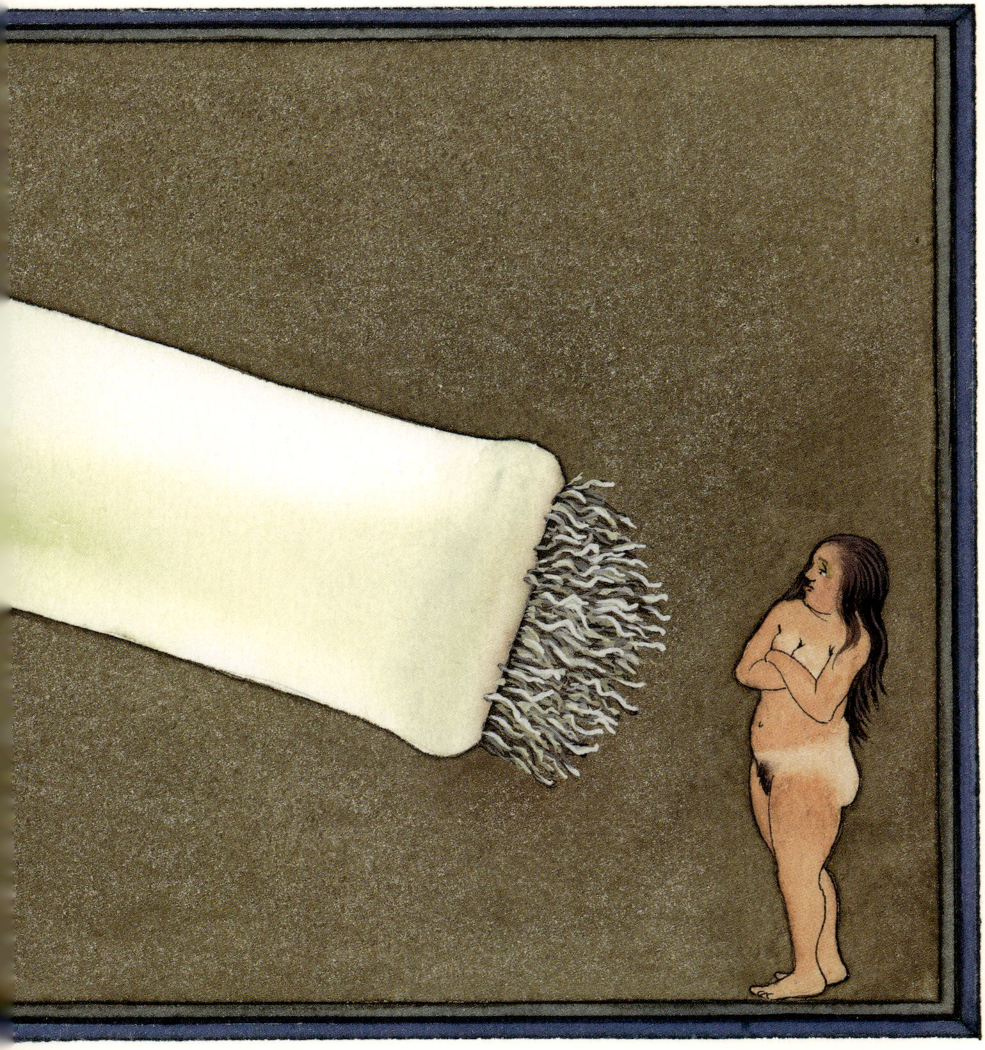

Gemüseanekdote II

Um 1880 malte Edouard Manet sein berühmtes »Penisstillleben« (Öl auf Leinwand, 46x55cm), das sich seit 1988 im Kölner Wallraf-Richartz-Museum befindet.

Vor einem dunklen Hintergrund präsentiert sich leicht diagonal ein leuchtend helles Penisbündel auf einer Unterlage saftig grünen Blattwerks. Die sparsame, aber nuancenreiche Farbwahl charakterisiert die Stofflichkeit der Materie höchst eindrucksvoll durch die unterschiedliche Intensität der Strichlagen.

Der erste Besitzer des Bildes, Charles Ephrussi, Herausgeber der wichtigen Kunstzeitschrift »Gazette des Beaux-Arts«, war so hingerissen von der Art der Malerei, dass er Manet einen höheren Preis zahlte als vereinbart (1000 statt 800 Francs). Darauf malte ihm Manet ein postkartengroßes Bildchen eines »fehlenden Penis aus dem Bündel« (heute im Musée d'Orsay, Paris).

Mutti oder Mama?

Aus der Tomatenwelt

Der italienische Lebensmittelhersteller Mutti mit Sitz in Parma stellt nicht nur passierte Tomaten her, die ›Mutti Passata‹ heißen und in Flaschen oder in Tetra-Paks abgefüllt werden, sondern auch geschälte, scheiblierte oder gehackte Tomaten in Dosen. Auch Datteltomaten und ›Pomodorini di collina‹, am Hang gereifte Kirschtomaten, werden in Dosen verkauft. Der griechische Lebensmittelhändler bei mir gleich um die Ecke hat sie im Angebot; dort wurde ich Zeuge, wie ein jüngerer Mann ›eine Dose Mutti‹ orderte.

»Eine Dose Mutti.« Alle Anwesenden lachten, eine Kundin sagte: »Das ist ja ganz schön inzestuös.« Der Grieche lächelte und sagte: »Mutti schmeckt aber gut.« Ich wollte mich nicht lumpen lassen und bat um ›eine Büchse Mutti‹. Der Grieche reichte sie mir und setzte noch einen obendrauf: »Mutti gibt es auch in Tuben.« Er zeigte auf eins seiner Regale, in dem ein ganzes Regiment Mutti-Tomatenmarktuben in schönster Ordnung aufgereiht auf dem Kopf stand.

Die Firma Mutti hat sich den Wahlspruch ›Nur Tomaten. Aus Leidenschaft‹ auf die Fahne geschrieben; auf ihrer Website findet sich auch eine Rubrik mit dem Titel ›Mutti weltweit‹. Ist das eine Drohung? Kommt Mutti immer hinterher, egal, wie weit oder wohin man flieht? Oder eine Beruhigung: Keine Angst, mein Kind, ich werde immer und überall für dich da sein? In Italien, wo niemand seine nächste Blutsverwandte

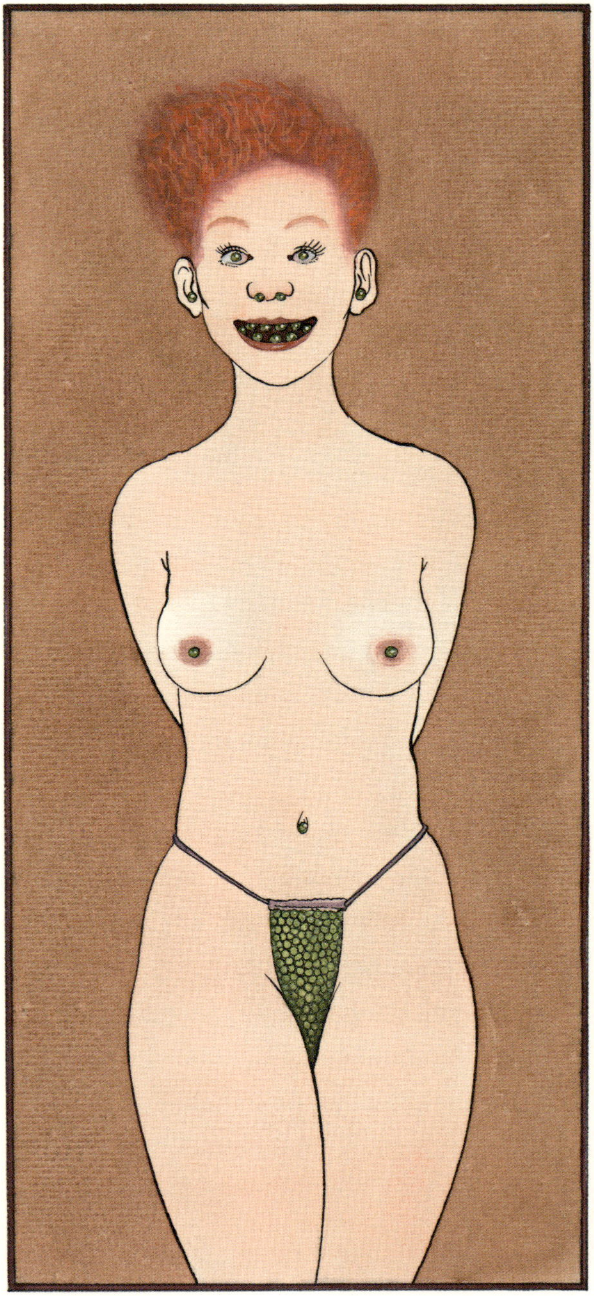

›Mutti‹ nennt, löst das Mutti-Tomatenwesen keine komischen Fragen aus; hier, im deutschen Land der Muttis, norddeutsch sogar Muddis, aber schon.

Falls jemand ein Mutti-Defizit verspüren sollte, mag ihn dieses trösten: Es gibt kein richtiges Leben im falschen, aber es gibt Mutti in Flaschen. Außerdem gibt es Mutti in Dosen und Mutti in Tuben. Man kann sie also überallhin mitnehmen, und wer will oder muss, kann an einer Tube Mutti nuckeln wie an einer Mamma.

Gern nehme ich mir Mutti in Dosen mit nach Hause an meinen Herd. Auf dem Weg dahin begegnet mir auf der Straße allerdings sehr viel Mutti, dabei wohne ich gar nicht im Berliner Muttimodebezirk Prenzlauer Berg. Aber das Mutti-Paradies weitet sich aus, Mutti marschiert.

Nicht nur Tomaten-Mutti wird in diversen Varianten und Modellen angeboten, auch die menschliche Mutti gibt es in allerlei Variationen: Mutti in Brotschuhen, Mutti mit Rucksack, Mutti mit befreundeter Mutti als Zweierreihen-Mutti-Walze, Mutti in Schlabber. Nur die lila Latzhosen aus den siebziger Jahren fehlen noch. Aber warte nur, balde muttist auch du.

Mutti hat einen daimlerbreiten Kinderwagen, den es bald auch als Kombi geben wird. Mutti hat Vorfahrt, denn Mutti ist Mutti, und Mutti hat immer recht. Mutti findet das gut und richtig. Und auch wichtig. Mutti wählt grün, die Partei von Mutti Erde. Ist Mutti eine Demeter-Saftflasche? Und was ist mit Vatti? Vatti ist radiopassiv geworden.

Rasch eile ich heim, koche mit Mutti-Tomaten und vielem anderem Nudeln mit Soße, die ich allerdings ›Pasta mit Sugo‹ nenne, ziehe mir meine kirschtomatenrote Schürze an, unter der ich weder etwas trage noch auch nur ein bisschen Mutti bin – sondern, im Gegenteil: die haarigste Mama der Welt.

Paradox des Monats: Vegetarierin in Gemüsebrühe

Gurkensandwich

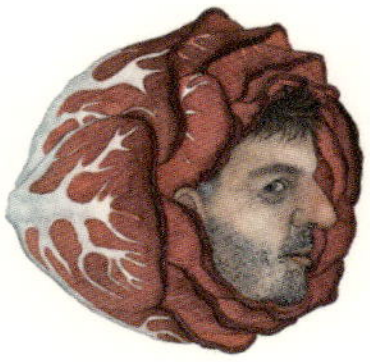

In einem sogenannten Dick-und-Doof-Film, den ich mit zehn Jahren im Braubacher Kino gesehen habe, müssen Stan Laurel und Oliver Hardy Sandwiches zubereiten, und zwar viele. Beide stehen in weißen Schürzen nebeneinander hinter einem langen Tisch, auf dem die Zutaten bereitliegen: große Scheiben lappiges Weißbrot, Schinken, Gurken, Tomaten, Butter und Mayonnaise. Offensichtlich haben sie es eilig, die Arbeit geht zügig voran, und vorne am Tischende stapeln sich fertige Sandwiches zu Türmen. Dann sieht man Laurel von nahem, wie er eine Brotscheibe mit Butter bestreicht, nach dem Schinken greift, aber die Hand Hardys erwischt und sorgfältig aufs Brot legt. Es folgt eine Lage Tomaten, eine Lage Gurkenscheiben und dick Mayonnaise. Als Laurel die abschließende Brotscheibe liebevoll andrückt, zieht die Kamera auf und wir sehen Hardys berühmten, zwischen unendlicher Geduld und verhaltener Wut schwankenden Blick.

Ein Cartoon des früh verstorbenen Gerard Hoffnung zeigt eine Putzfrau (Knotenkopftuch, Schürze, verdrießlich müder Blick ins Nichts) bei der Teepause. Sie kaut mit voller Backe am ersten Bissen ihres Sandwichs, das sie offensichtlich ohne es zu bemerken mit ihrem Schürzenzipfel belegt hat.

In einem Robert-Altman-Film (»Drei Frauen«?) unterhalten sich zwei Frauen, die sich gerade erst kennenlernen, in einer Küche. Die Jüngere sagt, sie habe Hunger, und die Ältere erklärt sich bereit, etwas zu essen zu machen. Sie öffnet eine Thunfischdose, kippt den kompletten Inhalt auf eine Toastscheibe, drückt aus einer Tube Mayonnaise auf den graurosa Brei und legt die zweite Toastscheibe darauf. Sie wendet sich der Jüngeren zu und sagt: »Bitte.«

Darauf die Jüngere staunend: »Wo hast du so gut kochen gelernt?«

Aber zur Sache. Es will mir so vorkommen, als würden in jedem Buch oder Theaterstück eines englischen Autors, das ich in den letzten vierzig Jahren gelesen habe, irgendwann Gurkensandwiches zum Tee serviert oder, wenn nicht, als würden diese geradezu schmerzlich vermisst, ob Wilde, Stevenson, James, Waugh, Amis, McEwan, Fry oder Banville – das Gurkensandwich ist dabei und erfreut sich hoher Wertschätzung, ohne aber je beschrieben zu werden.

Nun interessiere ich mich sehr für Essen in Büchern und habe immer mal wieder versucht, die eine oder andere Literatur gewordene Köstlichkeit durch Nachmachen in die Wirklichkeit zurückzuholen, ob es Nabokovs frisches Brot mit Butter und Landhonig war oder Tania Blixens ›Wachteln im Sarkophag‹ oder gar Harry Rowohlts ›Schlichtglibber Shaolin‹. Übrigens durchaus mit Erfolg – nur das Gurkensandwich habe ich bis heute nicht gegessen. Warum ausgerechnet bei diesem Gericht die Ehrfurcht vor der Literatur Sieger bleibt über die sonst so beharrliche Neugier, ist schwer zu erklären. Es könnte natürlich sein, dass die Gurkensandwichschwärmerei in der englischen Literatur durch ihre Häufigkeit appetitzügelnd wirkt. Oder dass im Laufe der Jahre die Erwähnung von Gurkensandwiches bei mir zwanghafte Assoziationen an wahlweise Laurel und Hardy, Gerard Hoffnung oder Robert Altman auslöst. Es könnte aber auch etwas Drittes sein. Ich erinnere mich sehr gut daran, schon als Kind in Büchern Worte besonders faszinierend gefunden zu haben, die ich nicht verstand. Und dass ich, einmal im Besitz eines solchen Zauberworts, lange zögerte, ob ich jemanden fragen sollte, was es bedeutet, waren doch die Vorstellungen, die ich mir von der Bedeutung des Wortes machen konnte, mindestens so aufregend wie die Aussicht zu erfahren, was gemeint war.

PS: Nein, schreiben Sie mir bitte nicht, wie ein echtes Gurkensandwich gemacht wird.

PPS: Wenn Sie Zweifel haben am Zauber des Wortes Gurkensandwich, dann empfehle ich ein altes Kinderspiel: Wiederholen Sie das Wort so oft, bis es seinen Sinn abwirft und in Scheiben fällt. Gurkensandwich, Gurkensandwich, Gurkensandwich …

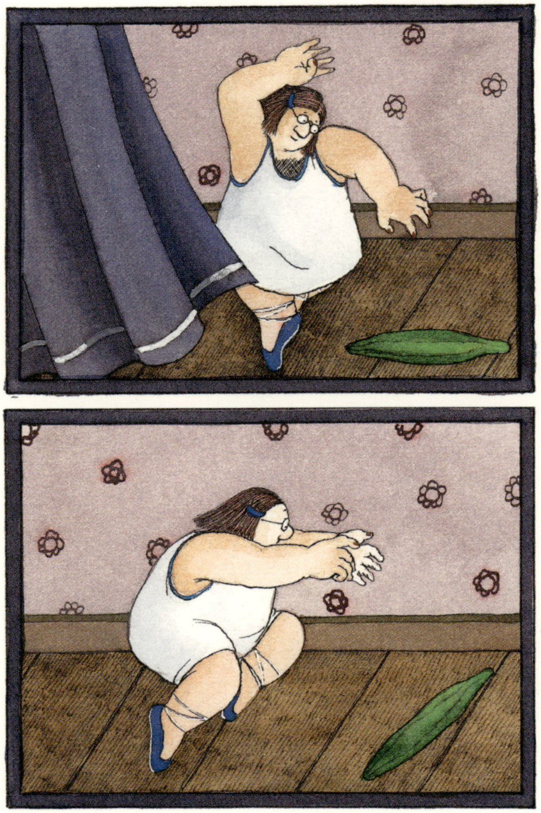

Der Abend wäre mit Sicherheit
eine herbe Enttäuschung geworden,

wäre Elvira nicht bereit gewesen, ihren berühmten
»Tanz mit der Salatgurke« aufzuführen.

Gurke oder Hobel, das ist hier die Frage

Die Gurke hat einen bösen Leumund, das Wort Gurke ist ein Synonym für alles Missratene. Wenn etwas schiefgeht, wird es als ›vergurkt‹ oder als ›total vergurkt‹ bezeichnet, schwach spielende Fußballmannschaften werden als ›Gurkentruppe‹ geschmäht. Gurkentruppe ist aber auch der Name einer rheinischen Frohsinnsband, die mit lustig gemeinten Fußball-Liedern wie »I shot the Schiri« in Fußballstadien für sogenannte ›Stimmung‹ sorgt.

Was kann die arme Gurke nur dazu, dass sie zu solch rohen Zwecken und Vergleichen herangezogen wird? Dass ein CSU-Generalsekretär die gesamte FDP als »gesundheitspolitische Gurkentruppe« bezeichnete? (Der Vorwurf traf übrigens tief, es wurde daraufhin sogar der Gesundheitsminister ausgetauscht.) Was aber hat die Gurke mit Politik zu tun, was mit Nichtskönnen?

Was hat sie all denen getan, die vom Versagen reden und dazu den Namen der Gurke in den Mund nehmen? Was ist schlecht an der Gurke? Dass sie zu 99 Prozent aus Wasser besteht? Wirkt die Salatgurke bedrohlich, weil man sie auch Schlangengurke nennt? Gibt es denn so grüne, so kurze und gleichzeitig so dicke Schlangen? Vor Schlangengurken muss sich niemand fürchten, sie beißen tatsächlich nicht.

Liegt es an der slawischen Herkunft des Wortes Gurke? Sind antipolnische Ressentiments gegen die Gurke im Spiel? Oder ist es der Spaß an der nicht sinngebundenen Beleidigung? In diesem Genre landet Käpt'n Haddock, Kultfigur aus Hergés »Tim und Struppi«-Comics, einen Volltreffer, wenn er sich zu der Invektive »Sie Gurkensalat!« aufschwingt. Ein gesiezter Gurkensalat ist ein komisches Meisterstück, gerade weil dem Gurkensalat an sich nicht das geringste Beleidigungspotential innewohnt; er kann vielmehr köstlich sein und erfrischend. Wer mit »Sie Gurkensalat!« angesprochen wird, ist entwaffnet. Was soll er darauf entgegnen? Vielleicht »Sie Logarithmus!«, eine weitere Perle aus Haddocks reichem Schimpfschatz?

Das Satiremagazin »Titanic« begrüßte Ende 1989 »die Bürger aus den Neuen Ländern« mit dem Foto einer Frau, die stolz eine halb geschälte Gurke präsentierte, gekoppelt mit dem Text »Zonen-Gaby (17) im Glück (BRD): Meine erste Banane«. Das war sehr komisch und auch nützlich; den Ostdeutschen wurde klar, dass sie es wohl nicht so leicht haben würden im gar nicht kuscheligen Westen und dass die Wiedervereinigung speziell für sie eine ziemliche Gurkennummer war. Ein Rettich oder eine Zucchini hätten es zu diesem Zweck genauso gut getan, aber nach einem ungeschriebenen Gesetz der Serie musste auch in diesem Fall eine Gurke herhalten.

Immer ist die Gurke die Referenzgröße für das, was man nicht möchte. »Wir pfeifen auf den Gurkenkönig« heißt ein berühmtes Jugendbuch von Christine Nöstlinger; möglicherweise hat es Tausenden jungen Lesern eine Gurkenallergie eingejagt. Unattraktive Automobile werden als ›alte Gurke‹ bezeichnet; wenn von jemandem behauptet wird, er könne nicht Auto fahren, heißt es: »Wie gurkt der denn rum?« Die »taz« hat eine tägliche Rubrik namens ›Gurke des Tages‹, und einmal titelte das Blatt mit der Grünen-Politikerin Claudia Roth als ›Gurke des Jahres‹. Da konnte einem die Gurke wirklich leidtun.

Und dann sollte die vielgeschmähte Gurke auch noch schuld sein an EHEC. War sie zwar nicht, aber mit der Gurke kann man es ja machen. Oder es wenigstens mal versuchen. 220 Millionen Euro pro Woche kostete die voreilig verbreitete Falschmeldung des deutschen Robert-Koch-Instituts die spanischen Gemüseproduzenten; die Bilder von vor sich hin faulenden Halden voller Gurkenpenisse hatten etwas Obszönes an sich.

Wo gehobelt wird, fallen Gurkenscheiben. Damit man sie leichter hobeln kann, bekam die Gurke eine eigene EU-Norm, die vorschreibt, dass die Gurke »gut geformt und praktisch gerade sein« muss, »maximale Krümmung: 10 mm auf 10 cm Länge der Gurke«. Das lässt sich die Gurke aber nicht immer gefallen. Cucumis sativus heißt das Gemüse aus der Gattung der

Kürbisgewächse lateinisch und ist schon ein kleines bisschen älter als die EU.

Ich bin der Gurke dankbar, denn sie hat mir einen Blick eröffnet auf die Welt der Sprache und die Welt des Geschäfts. Als ich 1987 zehn Wochen lang in einer Düsseldorfer ›Agentur für Kommunikation‹, also in einer Werbeagentur, als sogenannter ›Juniortexter‹ arbeitete, kamen einmal drei schwere Herren von der Firma Frenzel Sauerkonserven zur Besprechung eines Großauftrags ins Haus. Ich wurde als Protokollant dazugebeten; der Konferenzraum – damals sagte man noch Konferenz und nicht Meeting – lag direkt unterm Dach, die Frühlingssonne stach, die Frenzel-Herren zogen die Jacketts aus. Es nützte ihnen nichts. Nach einer Viertelstunde breiteten sich unter ihren Achseln medizinballgroße Schweißflecken aus. Und dann sagte eines der Schwergewichte den Zaubersatz: »Das ist doch die Frage: Wie ist die Gurke? Ist sie fein? Ist sie herb?«

Ich lachte spontan auf; der Agenturchef sah mich verständnislos an. Später bat er mich zu sich und fragte streng: »Wieso haben Sie gelacht?« Ich erläuterte ihm, dass die Frage »Wie ist die Gurke?« aus diesem Mund und in dieser Situation doch unglaublich komisch sei. Er schüttelte den Kopf, sah mich an und sagte nur: »Zwei Millionen Mark sind nicht komisch.« Da hatte er wohl recht.

Kurze Zeit später verließ ich die Agentur, in die ich mich verirrt hatte; die Formel von der Trennung in gegenseitigem Einvernehmen stimmte; auch ich war sehr erleichtert. Ein Rätsel aber nahm ich mit auf den Weg: Wie ist die Gurke? Ich habe nie aufgehört, mich das zu fragen.

Peperonata

Die Paprika halbieren und von den Kernen befreien. Mit Olivenöl bepinseln, pfeffern, salzen und bei 180° Grad im Ofen rösten. Wenn die Paprika Brandflecken bekommen, nimmt man sie aus dem Ofen und zieht die Haut ab.

Auf einfachere und effektive Art werden Paprika auch in der Pfanne mit Deckel gebraten. Die Früchte dürfen auch dann gerne an einigen Stellen etwas anbrennen. Es entsteht so ein angenehmer Karamellgeschmack.

Peperonata

4	verschiedenfarbige Paprika
2 EL	Olivenöl zum Rösten
1/8 l	Olivenöl zum Einlegen
1	Zwiebel, grob gewürfelt
1	Knoblauchzehe, gequetscht
1/4 l	Gemüsebrühe
1 TL	Oregano
	grober Pfeffer, Salz

Will man Peperonata im Glas länger aufbewahren, so werden Zwiebel und Knoblauch mit Gemüsebrühe und Oregano angeschwitzt, dann kommt die gegarte Peperonata dazu. Alles wird noch mal erhitzt und kommt dann mit dem Olivenöl ins Glas.

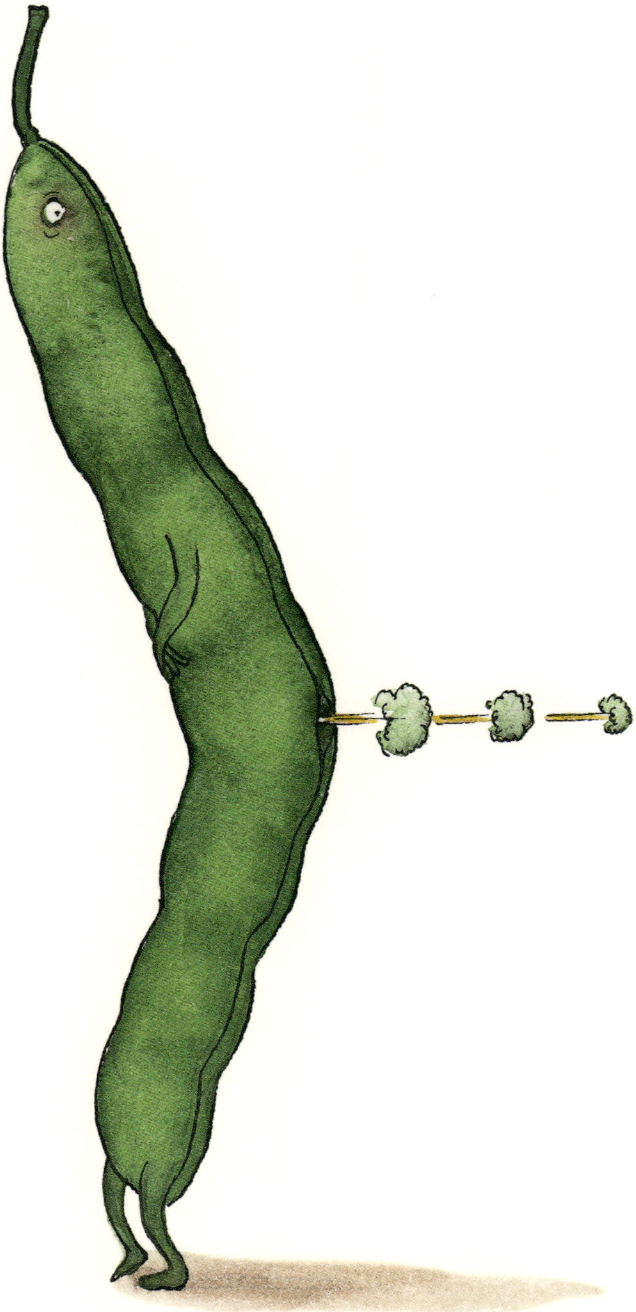

Aufruhr im Gemüsehospiz

»Ach, es is' was, es is' was«, jankte eine alte, runzlige Möhre. »Das Leben ist so kurz, von der Pubertät geht es direkt in die Wechseljahre.« Sie schniefte, doch Tränen flossen keine. Sie war erst wenige Wochen alt, von innen her aber schon ganz gummig. Sie teilte das Schicksal vieler unbehandelter Gemüse, und sie wusste es: »Gestern noch die chicen jungen Dinger, und ab morgen dann der Abgesang als Dünger! Das ist nicht fair!« Der Möhre wurde es ganz eng ums Herz. Bis vor kurzem hatte sie noch in einem ›Les légumes sont toujours frais‹-Werbespot mitgeträllert und die netzbestrumpften langen Beine geworfen. Jetzt kam sie sich vor wie in einem Drögebäckerlied von Cindy und Bert Grönemeyer.

»Schattonek – macht doch nichts!«, riefen ein paar Dutzend verfaulter Maiskörner, die längst im Zerfall begriffen waren. Sie erfreuten die spärlichen Reste ihrer selbst mit der Eigengärung, in die sie bereits hinübergegangen waren, transzendental quasi, aber von Religion und anderem Feuilleton versteht so ein Mais ja nicht die Bohne. »Nimm do' ma 'ne Nase, Schwester!«, riefen sie der Trauermöhre zu. »Da kommste auf ganz andere Gedanken! Higher! Freier!« Die Maiskörner stammten hörbar aus Westfalen und hielten sich für einen illegalen Blaumeisenring.

Auf die Melodie von »Guantanamera« begannen sie zu singen: »Kompostmoderne, o ja ja, Kompostmoderne, Kom-post-mo-der-her-ne …« Es ging ab wie Hulle, sie hätten für ihr Leben gern mitgeschnippt, aber das ging nicht mehr, dafür waren sie schon zu matschig. Die ganze faulige

Bagage kam richtig in Wallung und in Schweiß: »Kompostmoderne, o ja ja, Kompostmoderne, Kom-post-mo-der-her-ne ...« Was hätten sie Besseres tun können, als ein milliardenfach öffentlich missbrauchtes Lied mit Schirm, Charme und Moderne in den Moder zu schicken?

Einen obersten Spiel- und Spaßverderber gibt es in jeder Gruppentruppe. So lautet das Gesetz, und auch im Haus des vergehenden Gemüses beanspruchte es Geltung. Eine einzelne, holzige und hagestolze Spargelstange, die an der Freien Universität Bärlauch vor Jahren drei Semester vergleichenden Kopfsalat studiert hatte, erhob sich und sprach gewichtig. »Ich ist ein Mäanderer.« Das Gemüsehospiz ›Krautkuhle II‹ erlebte nie gekannte Freuden. »Ich ist ein Mäanderer!«, repetierte im Diskant eine spätberufene Frühkartoffel, klatschte in die Keimhändchen und rollte ausgelassen hin und her. »Ich glaub es einfach nicht! Sagenhaft, was der sich traut!« Feuerschoten wurden gezündet und rauschten gen Himmel, knatternde Saubohnen johlten: »Jau! Rambo sieben statt Rimbaud, und schon ist hier alles froh!« Ein gammeliger Weißkohl, dessen Blätter schon von sacht schmatzenden und sehr dezent rülpsenden Maden verputzt wurden, mahnte zwar noch: »Keiner hier darf älter sein als Ernst Jünger! Das gilt ganz besonders für Witze!« Aber da war der Spargel bereits Geschichte, flog über das Krautkuhlennest und musste ein zweites Leben auf dem ersten Arbeitsmarkt beginnen: Er wurde Medienberater des Berliner Fernsehturms. Da konnte er täglich mäandern, von einer Meinung zur andern.

Im Spinatzimmer

Gurkencurry

Die Gurke soll ja fast nur aus Wasser bestehen, was ich kaum glauben mag. Die Gurke kann nichts dafür, dass man sie nicht vergurken kann. Trotz des Wassergehalts ist sie nahezu unzerstörbar und ein probates Trainingsgerät für Anfänger oder Leute mit zwei linken Händen, die sich eine gewisse Behändigkeit draufschaffen möchten.

Gurkencurry

Zutaten für 2 Personen

2	feste Salatgurken
2	Zwiebeln
1 EL	Olivenöl
1/2	Knoblauchzehe
1 TL	Mehl
1/4 l	kräftige Gemüsebrühe
1/2 Stange	Lauch
1 EL	Madrascurry
10	geviertelte Kirschtomaten
1 Bund	Blattpetersilie
	Salz, Pfeffer

Die Gurken werden geschält, der Länge nach geviertelt und in Würfel geschnitten.

Die Zwiebeln schälen, fein schneiden und in etwas Butter oder Olivenöl hellbraun rösten. Den gequetschten Knoblauch, etwas Pfeffer und die Gurkenstücke dazugeben. Alles bei großem Feuer gut schwenken.

Mit dem Mehl bestäuben, die Brühe über die Gurken gießen und fünf Minuten mit einem Deckel verschließen und kochen lassen. Danach den Deckel abnehmen, den fein gewürfelten Lauch dazu und den Fond reduzieren und ganz einkochen lassen. Melieren. Den Curry mit den Tomatenvierteln und gehackter Petersilie untermischen, noch mal kurz aufkochen und evtl. mit Salz abschmecken.

Gurkenwanderung

Aus dem Magen eines grasfressenden Wesens

Von Molekularköchen und von Leuten, die beim Essen über ›Textur‹ reden, esse ich nichts. Doch auch ohne Modeschwindel und Angeberei lässt sich Unheil anrichten. Freund Klink und ich wurden auf offener Straße von zwei älteren Damen zum Essen eingeladen und so nachdrücklich charmant überredet, dass wir annehmen mussten.
Sie überraschten uns mit Kutteln, es gab also Kuhmagen, den Magen eines vegetarisch lebenden Tiers, kurz: Pansen.

Als der Teller unter meiner Nase dampfte, überwältigte mich eine Geruchserinnerung. Ich war wieder vierzehn Jahre alt. Unsere Leonbergerhündin Bonnie habe ich geliebt, sonst hätte ich als Vierzehnjähriger nicht Pansen für sie schneiden können.
Wenn sie ihre Portion verdrückt hatte, bedankte sie sich liebevoll: Sie legte mir ihre Pfoten auf meine Schultern, um mir mein Gesicht abzulecken.
Seitdem weiß ich, welch ein gewaltiges Universum sich hinter dem Wort Mundgeruch auftut.

Diese saure Anmutung hatte ich wieder in der Nase, als die Kutteln vor mir standen. Mit viel schwarzem Pfeffer und einem Schluck Weizenbier nach jedem Löffel ginge es besser hinab, riet mir flüsternd der Freund. Der Rat war hilfreich; irgendwann hatte ich, Happs für Happs, den Inhalt des tiefen Tellers glücklich niedergezwungen – woraufhin mir die strahlende Köchin ohne weitere Umstände sofort einen ordentlichen Nachschlag gab.

Dieser zweite Teller war eine echte Herausforderung. Ich rieche ihn und sehe ihn wieder vor mir. Sollte es jemals die Möglichkeit geben, Geruchscomics herzustellen: Dieser Essensringkampf mit dem grasverdauenden Teil einer Kuh wäre dazu geeignet.

Auf Italienisch heißen Kutteln übrigens ›trippa‹; das sollte als Warnung genügen.

Blöde Kuh

Was ist eigentlich Bio?

»Schicken Sie mir zu Ihrem Text bitte auch eine Kurz-Bio mit?«, mailt ein Verleger, und obwohl ich Abkürzungen nicht unbedingt mag, bin ich doch erfreut darüber, dass die drei Buchstaben B-i-o ausnahmsweise einmal nichts Biologisch-Ökologisch-Dynamisches meinen, sondern etwas Biografisches. Von dem Beruhigungsmantra Bio, Bio, Bio überschwemmt und erschöpft, setze ich mich still hin und denke an eine Zeit, in der ich noch nicht mit Bio-Märkten, Bio-Siegeln und Bio-Zertifikaten beworfen wurde, als Bio noch nicht der letzte Strohhalm zum Anklammern war, noch nicht die Regel in jedem Regal und nicht der neueste Betrug in einer Weltgeschäftsordnung, deren oberstes Kriterium der Profit um jeden Preis ist.

Die Zeitreise, die ich unternehme, trägt mich in ein Früher, in dem nichts besser, aber vieles weniger medial hysterisiert war und allein deshalb leichter schien. Bio war ganz simpel die Abkürzung für den Biologie-Unterricht. Wenn eine junge Referendarin stark pubertierenden Halbwüchsigen die Kunde vom sexuellen Leben hinterbrachte, hätte man mit der Luft im Klassenzimmer den Jahreshormonbedarf des ganzen Landes decken können. Da war jede Menge Biodynamik im Spiel.

Dann kam der erste Bioladen, der tatsächlich ›Löwenzahn‹ hieß und alternatives Leben zu verströmen schien. Man geriet in eine sakrale Besserwelt mit ganz unbegreiflichen Gesetzen und Ritualen. Betrat man die Hallen zum heiligen Ök mit einer Plastiktüte in der Hand, um unbedarft nach einem Brot zu fragen, war das ganz schlecht.

Lange Zeit stand Bio für Alfred Biolek, mit dessen ›alfredissimo‹-Schmeckleckereien das Elend der Prominentenfernsehkocherei begann, das demonstrative Ausstellen einer Geschwätzigkeit, die den Genuss, um den es angeblich gehen sollte, stark schmälerte und im Gegenteil das Unterhaltung simulierende Getue mehrte. Die Folgen sind bis heute zu spüren: Der Lebensmittelhöker Rewe wirbt mit einer ›Expedition Genuss‹, als müsse man sich zum Einkaufen im ›Outdoor-Shop‹ von Jack Wolfskinhead ausrüsten, ›draußen zu Hause‹ sein und Kunststoffkleidung anlegen; auch ›Bio-Produkte für Besseresser‹ sind dort im Angebot, denn der Hauptanteil des Genießens ist offenbar die Freude am sozialen Gefälle: Ich kann mir das leisten, die können das nicht.

In der moralisierend übergriffigen Biowelt darf auch die Biometrie nicht fehlen; die ›biometrietauglichen Fotos‹ im fälschungssicheren Fahndungsausweis befriedigen paranoide Überwachungsbedürfnisse und klingen gleichzeitig fanatisch ökologisch.

Kann der omnipräsente Zweisilber Bio bitte durch etwas weniger Penetrantes ersetzt werden? Sonst muss man am Ende noch zur Gegenwehr des Witzes greifen: Bekommen Fahrzeuge, die mit Bio-Sprit betankt werden, eigentlich einen Maiskolbenfresser?

Kohlrabi mit gebratenem Ziegenkäse

Kohlrabi schälen, im Ganzen in Salzwasser weichkochen und auskühlen lassen. Zitrone heiß abwaschen, abtrocknen und ca. 1 TL Schale abreiben.

Dann die Zitrone auspressen. Den Saft mit der Schale und Puderzucker vermischen. Die Kohlrabi in dünne Scheiben schneiden und auf zwei Tellern fächerartig verteilen. Mit Salz und Pfeffer würzen und

Kohlrabi mit gebratenem Ziegenkäse

Zutaten für 2 Personen

2	Kohlrabi
1	Zitrone, unbehandelt
1 TL	Puderzucker
	Salz, Pfeffer
200 g	schnittfester Ziegenfrischkäse
1 EL	Mehl
1	Ei
5 EL	Weißbrotbrösel
2 EL	Olivenöl
1 EL	Kürbiskernöl
1/2 Bund	Schnittlauch

mit dem Zitronensaft beträufeln. Den Ziegenkäse in ca. 3 cm starke Scheiben schneiden. Wie ein Schnitzel in Mehl wenden, durchs verquirlte Ei ziehen und mit den Brotbröseln panieren.

In einer Pfanne mit Olivenöl die Käsescheiben von beiden Seiten goldbraun braten. Den Ziegenkäse auf die Kohlrabi in der Tellermitte legen und mit Kürbiskernöl beträufeln. Schnittlauch waschen, trocknen und fein schneiden.

Über die Teller streuen und servieren.

Levitation einer keimenden Gemüsezwiebel

Teltower Rübchen

Das hat er gesagt über die Rübchen, die Teltower Rübchen: »Wofür ich denn schönstens danke«, schrieb der Dichterfürst an einen gewissen Chormeister Carl Friedrich Zelter, »dass die Rübchen von der feinsten Sorte zu rechter Zeit glücklich angekommen sind und heute, nebst den Fischen, ein freundschaftliches Mahl auszustatten Gelegenheit geben.«

Goethe hatte zu den Teltower Rübchen nicht gerade ein erotisches Verhältnis, aber ein gerüttelt Maß an Leidenschaft kann man seinen Erwähnungen durchaus entnehmen. Das Wurzelgemüse – krumm und rübenhässlich – zu besingen hätte zwar Theodor Fontane gut angestanden, denn der stammte schließlich grob besehen aus dieser Gegend. Aber Fontane äußerte sich nicht zu Rüben, sondern war in Birnen verliebt, Goethe orderte per Kutsche umso mehr von diesem Gemüse.

So, und ich haue jetzt in dieselbe Kerbe. Die Teltower Rüben gehören in die Oberliga des Weltkulturerbes der Menschheit, jawohl! Die Beschaffung ist allerdings fast so schwierig, als müsste man sie bei Sotheby's ersteigern. Die Dinger sind gesetzlich geschützt, es gibt sogar einen Teltower-Rübchen-Verein, und man kann sie sich wie der olle Goethe mit der Post schicken lassen. Oder man besorgt sich beim Samenhändler die Aussaat, aber nie schmecken sie so wie direkt aus dem Teltower Sandboden. Das sind keine Sprüche, sondern das ist so. Früher wurden Teltower bis nach Frankreich exportiert. Das hätte man sich sparen können, wenn die französischen Gärtner in der Lage gewesen wären, sie selbst zu ziehen. Die

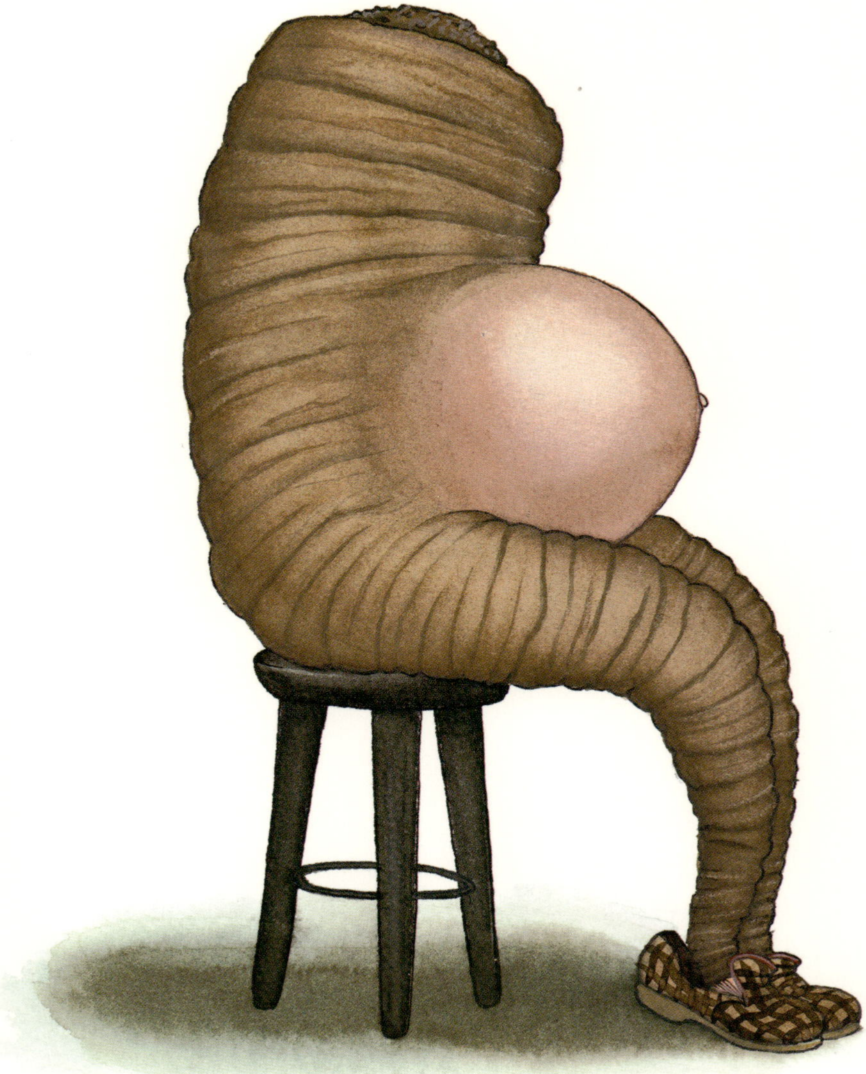

Schwangere Petersilienwurzel

Gartenkünstler machten aus der Not eine Tugend und es entstanden moderne Züchtungen, die weit vom Original weg sind, jedoch auch sehr gut schmecken. Rübchen sind schwer im Trend: Weiße Mairübchen gibt's, gelbe und hellgrüne, japanische Hybriden und schlussendlich auch die Navets, quasi ein französisches Kulturgut und immer Bestandteil eines köstlichen Lammragouts, das sich unter Eingeweihten ›Navarin‹ nennt.

Navarin

für 2 Personen

500 g	Lammkeule, 3 cm groß gewürfelt
3–4	mittlere Zwiebeln in feinen Scheiben
200 g	Teltower Rübchen oder Navets
1	Knoblauchzehe, feingehackt
1 Bund	Bergbohnenkraut (Sariette)
1/2 l	Gemüsebrühe
1 EL	Olivenöl
	Meersalz, grober schwarzer Pfeffer

Zwiebeln in Olivenöl goldbraun rösten und das Fleisch dazugeben. Pfeffern und salzen. Alles zusammen auf großer Flamme schwenken. Nun den Knoblauch und das Bergbohnenkraut dazugeben. Mit der Brühe leicht ablöschen und auf kleiner Flamme bei geschlossenem Deckel köcheln.

Ab und an den Bratensatz vom Topfboden lösen und evtl. ablöschen. Nach 30 Minuten die geschälten und längs geviertelten Rübchen dazugeben. Nach weiteren 15 Minuten müsste das Fleisch weich und die Zwiebel so weit zerfallen sein, dass sie sämig den Bratenfond abbinden. In 3 Minuten reduzieren.

Gemeine Wurzel

Aus der Hippenforschung

Wo gespargelt wird, fallen Tränen. Massenhaft werden in deutschen Restaurants unschuldige Spargelstangen mit Tütensoßenschmadder geschändet und gemordet, und keine UN-Truppe fällt den Verbrechern in den Arm, kein Gerichtshof für Lebensmittelrechte verfolgt sie. »Mit Hollandaise?«, flötet verlogen die Bedienung; jeder Unvorsichtige oder Gutgläubige, der einwilligt, wird es bereuen. Denn in der Küche panscht ihr Rührfix-Komplize eine Art Eiter zusammen, mit dem zuerst der Spargel und anschließend der hineinbeißende Gast vergiftet wird.

Wozu noch kochen, wenn man im Gegenteil ›kreativ und innovativ‹ sein kann, mit Produkten aus dem Chemielabor? Ein ›Spargel-Tomaten-Gratin‹ wird feilgehalten, eine Schliere aus denaturierten Tomaten, Spargelstücken, wasserlöslichem Soßenpulver und Schmelzkäse, der lange, kaugummige Fäden zieht. Keinem Hund würden sie es vorsetzen, aber dem Gast stellen sie den in jeder Hinsicht nichtessbaren Pampf skrupellos hin. Man kann aber auch Glück haben in der Spargelsaison. Auf der Speisekarte eines anderen Restaurants wurde ein ›Spargelrisotto mit Parmesanhippe‹ angeboten. Hippe? Zwar hat Helge Schneider der Welt den Satz »Zieh dich aus, du alte

Hippe!« geschenkt, doch selbst wenn man Köchen alles zutraut, saß ich aller Wahrscheinlichkeit nach nicht in einem Kannibalenlokal. Hippe junge Menschen eiern ja auch jede Menge herum, aber die gibt es ebenfalls noch nicht als Tellergericht. Wäre aber unbedingt eine Idee fürs sogenannte »Promi-Dinner«.

Was eine Parmesanhippe ist, wusste ich immer noch nicht, doch erfuhr ich es. In einer Pfanne wird Olivenöl erhitzt, dann wird Parmesan hineingerieben. Die Flocken verdichten sich zu einem großen, dünnen und knusprigen Käse-Chip. Man könnte den Parmesan auch unter den Risotto heben oder rühren, aber dann wäre die Welt um eine Hippe ärmer.

Erbsen mit Speck »Bauhaus«

Blumenkohl Mornay

Den Blumenkohl waschen und abtropfen lassen (da der dicke Strunk eine längere Garzeit hat als die Röschen, wird er mehrmals möglichst tief eingeschnitten). Suppengemüse putzen und würfeln. In einem großen Topf mit

Blumenkohl Mornay
Zutaten für 2 Personen

1	kleiner Blumenkohl
1 Bund	Suppengemüse
	(Möhre, Sellerie, Lauch)
	Salz
150 g	Bergkäse
2	Schalotten
2 EL	Butter
2 EL	Mehl
300 ml	Milch
1 TL	Gemüsebrühe (Instant)
1 Prise	Muskat
	Pfeffer
1/2	Zitrone, unbehandelt
1/2 Bund	Blattpetersilie

kochendem Salzwasser den Blumenkohl im Ganzen mit dem Suppengemüse weichkochen. Der Blumenkohl soll ganz mit Wasser bedeckt sein.

Den Käse fein reiben. Schalotten schälen und fein schneiden. In einem Topf mit 2 EL Butter die Schalotten anschwitzen. Mit Mehl bestäuben. Dann unter ständigem Rühren mit dem Schneebesen langsam die Milch zugeben. Die Sauce kurz köcheln lassen und mit Gemüsebrühepulver würzen. Den Topf vom Herd ziehen, den Käse zugeben und in der warmen

Sauce schmelzen lassen. Mit Muskat, Pfeffer und einer Prise frisch geriebener Zitronenschale abschmecken. Wird die Sauce mit dem Handmixer durchgearbeitet, präsentiert sie sich sehr luftig und zart.

Den weichgekochten Blumenkohl aus dem Wasser nehmen, gut abtropfen lassen, auf einer Platte anrichten und mit der Käsesauce übergießen. Petersilie fein hacken und darüberstreuen.

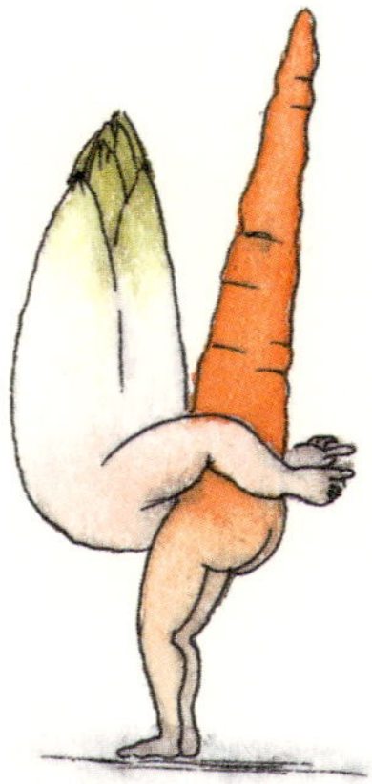

Chicorée auf Möhre!

Die fünf wichtigste

nach Vincent Klink

Gurke und Aubergine: Geht nicht!

Dazu schmecken sehr gut Pellkartoffeln oder auch als formidable Beilage ein Bio-Schweinskotelett.

Die übrig gebliebene Gemüsebrühe wird selbstverständlich nicht weggeschüttet, sondern kommt anderntags zu Ehren. Oder man würzt sie nach Belieben, schmeißt ordentlich viel grob geschnittenes Basilikum hinein. Einen besseren Gute-Nacht-Tee kann ich mir nicht vorstellen.

Gemüseregeln

Knoblauch vor Ingwer!

Artischocke über Pastinake!

Spitzkohl hinter Rosenkohl!

Eintopf von dicken Bohnen und Tomaten

Diese Bohnen nennt man in Frankreich Fèvres und in Italien Fave und sie genießen nahezu Kultstatus. Dass diese wunderbaren Hülsenfrüchte bei uns Saubohnen heißen, ist eigentlich eine Unverschämtheit. Man kann sie übrigens ohne Qualitätsverlust in Dosen kaufen. Auf meinen steht immer der Name ›Gigante‹. Also je größer, desto besser.

Der echte kochende Heimwerker geht jedoch folgendermaßen zu Werke: Die Bohnen in fünf Mal so viel Wasser über Nacht einweichen. Die Zwiebel und den Knoblauch in Olivenöl anrösten, Bohnen, Tomaten und das Mark dazu und mit der Brühe auffüllen. Mindestens eine Stunde bei geringer Energie, also langsam bei geschlossenem Deckel köcheln. Wenn alles anzubrennen droht, immer etwas Wasser oder Brühe zugeben. Kein Salz! Alle Hülsenfrüchte werden ohne Salz gegart und erst am Schluss vollends abgeschmeckt. Mit Salz gekocht, und das trifft auf alle Hülsenfrüchte zu, würde die Kocherei doppelt so lange dauern.

Die Bohnen probieren. Sie sollten gut weich sein, denn Bohnen al dente sind das wahre Grauen und eine deutsche Unart! Also besser zerfallen sie, als dass man sie zu hart verspeist.

In den letzten fünf Minuten Rosmarin und Olivenöl dazugeben. Würzen mit Pfeffer, evtl. mit Salz. Das Gericht sollte sämig und nicht zu dünn sein. Befindet sich noch zu viel Dünnes im Topf, den Deckel abnehmen und bei kräftigem Feuer einkochen.

Eintopf von dicken Bohnen und Tomaten

Zutaten für 2 Personen

2 Tassen	Saubohnen, in sehr viel Wasser 24 Std. eingeweicht
1	Zwiebel, grob gewürfelt
1	Knoblauchzehe, gequetscht
2 EL	Tomatenmark
200 g	Tomaten, gewürfelt (evtl. 250 g Dosentomaten)
1 Zweig	Rosmarin
1 Liter	Gemüsebrühe
2 El	Olivenöl
	Salz, grober schwarzer Pfeffer

Flotter Sechser

Pianta amaro, bittere Pflanze

Sind es die Lebensumstände und Nackenschläge, die mich mit fortschreitendem Alter immer mehr zu bitteren Gerichten hinziehen? Vielleicht sind aber auch meine Geschmacksknospen durch jahrzehntelange Drangsal mürbe und abgestumpft. Im Grunde glaube ich, dass man sich an vieles, insbesondere ans Bittere, erst gewöhnen muss und dann abstumpft. Meine jungen Köchinnen und Köche empfinden Bitterstoffe viel intensiver als ihr alter Chefe. Heute früh hatte ich Zichorie aus meinem Garten geerntet. Seit Jahren kommt sie immer wieder von selbst, was für das milde Klima Stuttgarts spricht. Ich schnitt mir einige Büschel ab und probierte etwas davon. Was mir vor Jahren das Hemd in die Hose zog und schon gar nicht für die Gäste taugen wollte, empfand ich nun als relativ mild. Bleibt nur die Hoffnung, dass meine Gäste genauso empfinden oder besser gesagt: nicht empfinden.

Nach den Gästen kann ich mich jedoch nicht ausrichten, es sind zu viele und jeder hat andere Geschmacksvorstellungen. Mit der Kocherei ist es aber ganz einfach. Der Koch muss sich von seinem eigenen Gusto leiten lassen. Was mir schmeckt, hat meinen Gästen auch zu schmecken, basta. Das klappt nicht immer, aber wenn man stur durchhält, dann bleiben die Gäste, die anders ticken als der Patron, mit der Zeit weg. Im Gegensatz dazu schart man ein Völkchen um sich, mit dem man sich einig ist.

Ja, ja, der Geschmack des Kochs, die unbekannte Größe, muss natür-

Zucchini-Königin 2011

lich regional wie international geschult sein. Damit will ich beispielhaft sagen, wer noch nie in Napoli in der Ndrangetha-Restauration ›Mimi alla ferrovia‹ (zur Begrüßung zupfen sich die ehrenwerten Herren an der Backe) Spaghetti gegessen hat, weiß nicht, wie sie eigentlich schmecken können. Man kann sich als Koch dauernd auf die eigenen Schenkel klopfen, wenn man es nicht besser weiß. So gesehen ist Nichtwissen Macht und jedwelche Therapeuten sind überflüssig. Okay, das war jetzt etwas übertrieben, aber unter den gewiss hundert italienischen Gasthäusern Stuttgarts sind bestimmt keine fünf, die der Pastakocherei die nötige Aufmerksamkeit zukommen lassen.

Ich wollte ja eigentlich etwas über die Zichorie erzählen, deren Blätter dem Löwenzahn ähneln und die mit dem Chicorée verwandt ist. Die getrockneten Wurzeln haben heilende Wirkung, geröstet dienen sie als Kaffeeersatz. Mocca Faux nennen die Franzosen diese Art Kaffee, von wo aus es nicht weit war zum Wörtchen ›Muckefuck‹.

Paracelsus empfahl die Pflanze als schweißtreibend, Kneipp empfahl sie bei Magen-Darm- und Lebererkrankungen.

Das Zeug ist ein Wundermittel. Der vor Jahren in der Nähe von Corleone geschnappte Mafiaboss und Supermordbube Bernardo Provenzano hatte sich über vierzig Jahre in einem kargen Feldhäuschen versteckt. Sein Imperium lenkte er mit kleinen Zettelchen, Untergebene brachten die Befehle bei Nacht und Nebel zu den jeweiligen Adressaten. Nach dieser jahrzehntelangen Eremitage mit seiner Olivetti-Schreibmaschine nannte er sich nicht mehr wie in seiner aktiven Zeit ›Der Traktor‹, sondern er wollte fortan als ›Poet‹ angesprochen werden. Seine getippten Papierschnipsel, ein Opus Magnum von Tausenden Einzelteilen, werden bis heute von der Kripo Palermo heftigen Deutungsversuchen unterzogen.

Seine intellektuelle Prosperität verschaffte er sich unter anderem durch das Essen von Zichorie. Die so frohsinnigen Italiener haben ebenso wie die Südfranzosen einen starken Hang zum Bitteren, man denke nur an den Espresso und die unzähligen Amari, also Magenbitter, wie Ramazotti, Fernet und Co. Vielleicht liegt es auch daran, dass die italienische Nationalkrankheit, oder die zentrale Hypochondrie, sich hauptsächlich um den Magen kümmert. Die hektischen Deutschen haben sich den Blutdruck und die Herzkreislaufgefäße erkoren, und der Amerikaner kommt ohne Psychoanalytiker nur schwerlich durchs Jahr.

Der Mafiaboss bebrütete seinen Alltag und seine Neurosen völlig solo, doch die Diät seiner bäuerlichen Zwangseinsiedelei hielt ihn kerngesund.

So aß der Killer im Winter die Wurzeln und im Sommer die saftigen Blätter der Zichorie, die wild ums Haus wuchs. Seine Frau ließ ihm immer wieder die passenden Zutaten wie Öl und Aceto zukommen, Pasta und Reis wird auch dabei gewesen sein. Diese Frau würde ich gerne mal kennenlernen, sie ist mir ein Symbol für Treue und Ausdauer.

Im Gemüsezimmer

Die schönste Distel

Artischocken gelten in der Küche als besonders exquisites Gemüse. Die Artischocke – ein ausdauernder Korbblütler des östlichen Mittelmeerraumes – war schon 500 vor Christus bekannt und später eine teure Spezialität im christlichen Rom. Seit dem 15. Jahrhundert hat sich ihr Anbaubereich über den gesamten Mittelmeerraum ausgebreitet, bis hin zu größeren Anbaugebieten in Frankreich und auch im Süden Englands. Sie kann aber auch in Gebieten mit mildem Klima in Deutschland angebaut werden.

Der genutzte Teil der Artischocke ist der faustgroße Blütenkorb, der von einer großen Zahl breiter lanzettförmiger, sich dachziegelartig deckender Hüllblätter umgeben ist. Zum Essen kommt der Blütenstand, bevor sich die lilafarbene Blüte ausbildet.

Es gibt verschiedene Artischockenarten auf dem Markt, und zwar die kleineren Sorten aus Italien oder Spanien, die praktisch im Ganzen als Artischockenherzen zubereitet werden. Die großen Sorten, meist aus der französischen Bretagne, sind wegen ihrer großen, dicken Böden beliebt, dies auch, weil man die äußeren Blätter auslutschen kann.

Im Gegensatz zu unseren Breiten ist die Haupternte der Artischocken in den traditionellen Anbauländern wie zum Beispiel in Spanien in den Monaten November bis April, in Frankreich im Frühjahr.

Werden Artischocken im eigenen Garten angebaut, können die kleineren Sorten, wie beispielsweise die Carciofo Romano, ab Ende Oktober geerntet werden.

In Geschäften findet man dank verstärkter mediterraner Einflüsse immer öfter die kleinen Gemüseartischocken angeboten. Sie haben den Vorteil, dass Boden und Blätter fast komplett verwendet werden können. Sie sind vor allem eine schöne Beilage zu Fleisch und ein ausgezeichnetes

Gemüse. Gebraten oder gegrillt passen sie auch sehr gut zu Fisch. Ich verwende sie auch gerne als Vorspeise, mit Zitrone und Olivenöl angemacht. Artischocken haben eine Galle und Leber unterstützende Wirkung und sind innerhalb eines Menüs von so gesundheitsfördernder Wirkung, dass man sie eigentlich auf Krankenschein bekommen müsste.

Im Garten selbst gezogene Artischocken habe ich allerdings noch nie verspeist. Da sind sie mir zu schade, denn blühen erst mal die Knospen auf, erfreue ich mich lieber an den schönsten blauen Blüten, die ich kenne. So kaufe ich mir die Artischocken, bereite sie zu, setze mich auf die Terrasse und genieße mein Gericht und dazu den Blick auf die Blüten im Garten.

Kürbisravioli

Den Kürbis gut einkochen, damit er eine pastose Konsistenz bekommt, dann mit den anderen Zutaten der Füllung verarbeiten.

Mehl auf ein Nudelbrett häufen und in der Mitte ein Loch freischieben. Die Eier einschlagen, Olivenöl und Salz dazugeben und alles zu einem glatten Teig verkneten.

Der Teig sollte fest sein und darf ruhig an Knetmasse erinnern. Es ist von Vorteil, zuerst etwas weniger Mehl zu nehmen und den Teig weich anzukneten, um anschließend immer wieder so viel Mehl hinzuzugeben, bis die gewünschte Festigkeit erreicht ist. Hat man eine Nudelmaschine, so kann man darin den Teig auf weitester Stufe walzen, immer wieder, bis er glatt ist.

Den Teig mit Mehl bestäuben, in der Nudelmaschine oder mit dem Wellholz auf einer möglichst ebenen Platte (Steinplatte wäre ideal) auswellen. Bierdeckelbreite Bahnen schneiden. Kleine, teelöffelgroße Käsenocken auf die eine Bahn setzen und mit einer anderen Bahn zudecken. Die Teigränder kann man mit etwas Wasser benetzen, so verbinden sich die beiden Schichten besser miteinander. Schneiden.

In Salzwasser etwa drei Minuten kochen, anrichten und mit Kreuzkümmelsauce umgeben.

Kürbisravioli

Füllung	
300 g	Kürbis, mit Wasser weichdünsten
3	Eigelb
2	Schalotten, fein gehackt und in Butter gedünstet
1 TL	gehackter frischer Kerbel
1 TL	fein geschnittenes Basilikum
1/2 TL	gemahlener Kreuzkümmel
2 TL	gehackte Blattpetersilie
1 TL	Gemüsebrühepulver
	Salz
	schwarzer Pfeffer aus der Mühle

Nudelteig	
150 g	Mehl
30 g	Hartweizenmehl (Semola)
3	Eigelb
1	Ei
1 MS	Salz
1 TL	Olivenöl

Für die Soße die Schalotten in der Butter anschwitzen, melieren und mit der Milch aufgießen. Mit dem Schneebesen glattrühren und 5 Minuten kochen. Mit Muskat und Kreuzkümmel würzen und zum Schluss die frisch gehackte Petersilie dazugeben.

Kreuzkümmelsauce

1	Schalotte, fein geschnitten
1 TL	Butter
1 TL	Mehl
1/3 l	Milch
1 Prise	Muskat
1 TL	Kreuzkümmel
1 Bund	grob und frisch gehackte Blattpetersilie
	Pfeffer
	Salz

Die schöne Gärtnerin

Letzter Seufzer eines Vegetariers

All die Gurken, all die Möhren,
die mir ihre Treue schwören
und dass sie nur mir gehören –

all die Möhren, all die Gurken
sind charakterlose Schurken,
denn sie haben mich verraten. –

Sie sind treulose Tomaten.
Ach, ich geh' mir'n Schnitzel braten …

Gemüseanekdote III

Erstens arbeite ich eigentlich nicht, wenn ich Ferien am Meer mache und zweitens ist mein Anteil am Gemüsebuch bereits seit Ende Juni abgeschlossen. Aber drittens stand ich Anfang August im Atlantik und zögerte noch ein wenig, endgültig ins Wasser zu tauchen. So wurde ich Zeuge des folgenden: Zwei Männer standen mit einem etwa sechsjährigen Jungen im Wasser, letzterer bis zur Brust und mit noch trockenen Haaren. Einer der Männer schöpfte mit beiden Händen Wasser und goss es dem Jungen über den Kopf. Sofort fing der Junge an laut zu plärren. Darauf baut sich der Mann vor dem Jungen auf und legt los: »Was willst du heute zum Abendessen? Würstchen? Schnitzel??? – Du Mädchen! Du kriegst Brokkoli! – Grüne Bohnen! – Lauch! – Spinat! – Blumenkohl! …« Und hier fällt der zweite Mann begeistert ein: »Erbsen! – Chicorée! – Rosenkohl! …« Da die Erziehungsmaßnahme in französischer Sprache vollzogen wurde, bin ich nicht sicher, ob ich alle weiteren Gemüsesorten richtig erkannt habe.

Sicher bin ich aber, dass man seinem Verleger keine Ferienerlebnisse erzählen soll, wenn man an einem Buch eigentlich nicht mehr arbeiten will.

Fertig.

Irmgard Kirfel beim siebten Broccoli-Rosenkohl-Smoothie

Nikolaus Heidelbach
lebt in Köln. Seine Bilderbücher wurden vielfach ausgezeichnet, u. a. mit dem Sonderpreis des Deutschen Jugendliteraturpreises 2000. Seine »Märchen der Brüder Grimm« von 1995 sind so gefeiert wie die 2004 erschienene Ausgabe der Märchen von Hans Christian Andersen. 2009 folgte bei DuMont sein Kafkabuch »Gelegenheit zu einer kleinen Verzweiflung«. 2011 erschien »Wenn ich groß bin, werde ich Seehund«.

Wiglaf Droste
ist Dichter, Gelegenheitssänger und Vorleser, er lebt unterwegs oder in Berlin. 2003 wurde ihm der Ben-Witter-Preis verliehen, 2005 der Annette-von-Droste-Hülshoff-Preis. 2009 war er Stadtschreiber zu Rheinsberg. Seit 1999 gibt er zusammen mit Vincent Klink die kulinarische Kampfschrift »Häuptling Eigener Herd« heraus. Zuletzt erschien »Auf sie mit Idyll« (2011).

Vincent Klink
kocht in seinem mit einem Michelin-Stern geehrten Restaurant Wielandshöhe in Stuttgart-Degerloch und lässt sich im Fernsehen (»ARD-Buffet«, »Vincent Klinks Kochkunst«) in die Töpfe schauen. Er gab u. a. das kulinarische Jahrbuch »Rübe« bei Haffmans und »Cotta's Kulinarischen Almanach« heraus. Zuletzt erschienen seine Bücher »Sitting Küchenbull« (2009) und »Immer dem Bauch nach« (2011).

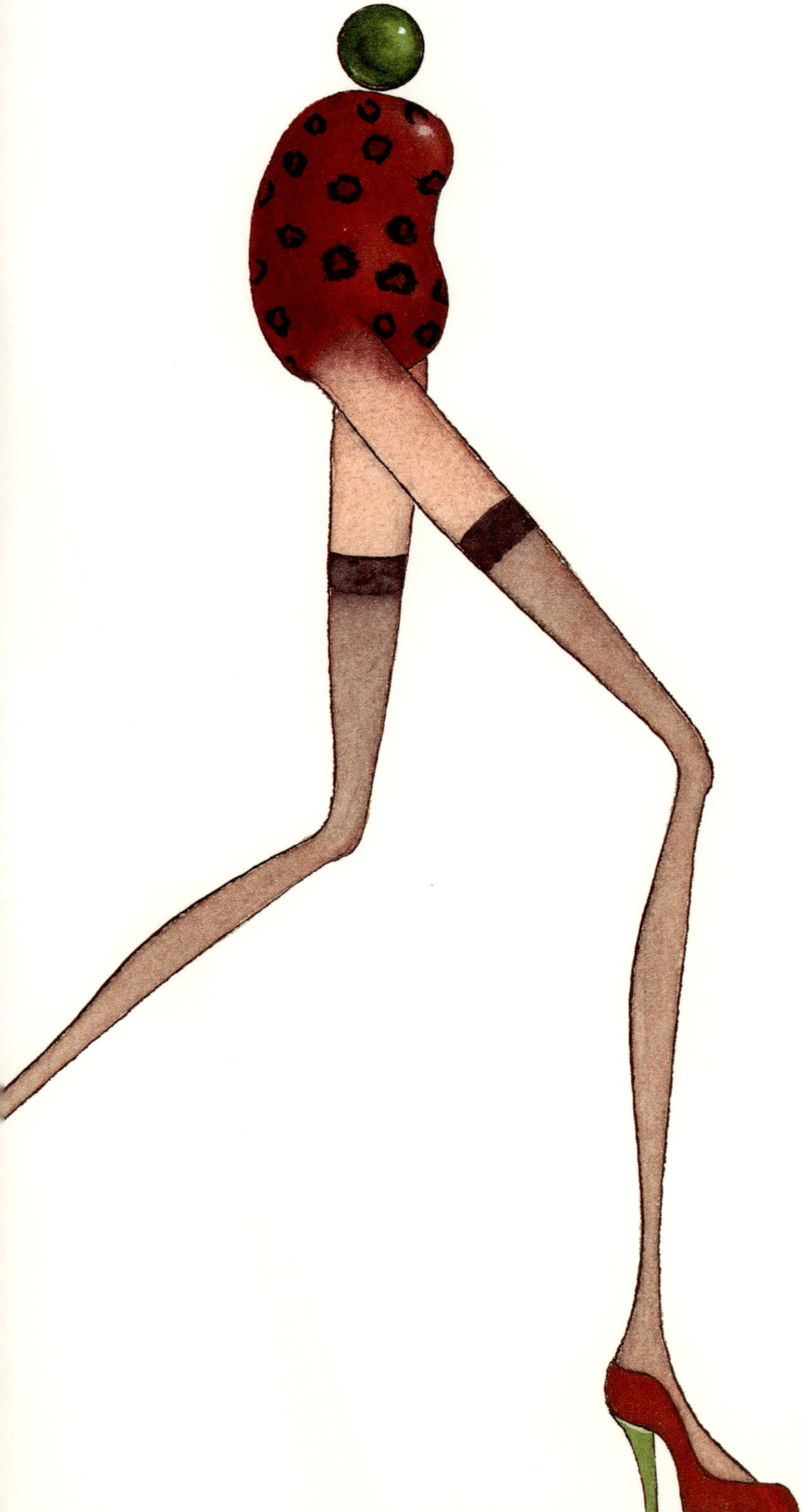

Älterer Rettich und Jungmöhre im Herrengespräch

Demnächst:

Gemüse II »Rückkehr des Sohns der Gurke«

Mit:
Peter Handke »Versuch über Blattspinat« (angefragt)
Peter Härtling »Setzling. Eine Annäherung« (angefragt)
F.C. Delius »Büchner Müsli. Bilanz« (fest zugesagt)
Alban Nikolai Herbst »Tomaten, schwerhängend wie Hoden« (Rohfassung)
Arno Schmidt »Berechnungen IV Porree« (aus dem Nachlass)
Harry Rowohlt »Meinungen eines Rhabarbärs« (aus dem Serbo-Kyrillischen)
Durs Grünbein »Die Spinatwachtel« (Haiku)
Elfriede Jelinek »Die Spargelschälerin« (Fragment)
Marcel Reich-Ranicki »Kraut & Rüben« (angefragt)
Anita Albus »Das Paradiesgärtlein« (liegt vor)
Bodo Kirchhoff »Der Schneckensammler«
Gustav Seibt »Teltower Rübchen«
Andreas Platthaus »Raps. Eine Karriere«
Ulla Hahn »Salatherz« (Sonett)
Joseph v. Westphalen »Im Beet« (Erotisches Capricchio)
Gerhard Henschel »Krauskopfsalat« (Aphorismen)
Wiglaf Droste (irgendwas)
Rolf Hochhuth »Der Würstelvertreter« (Thema verfehlt)
Karl Corino »Robert Stielmusil« (Biographische Skizze)
Helmut Krausser »Glatte Petersilie« (angefragt)
Günter Grass »Der Zwiebelfurz«
Und mit einem Gastbild von Rudi Hurzlmeier »Schlampe an Schwarzwurzel«
Covergirl Sibylle Wirsing (angefragt)

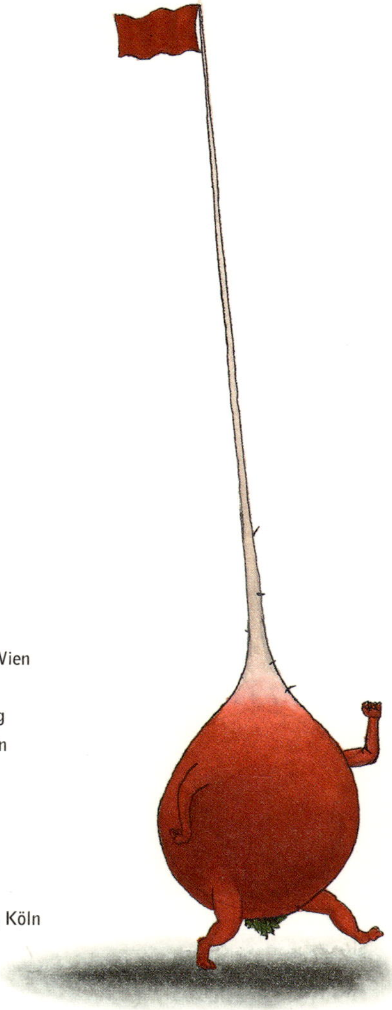

Lizenzausgabe für die
Büchergilde Gutenberg,
Frankfurt am Main, Zürich, Wien
www.buechergilde.de
Mit freundlicher Genehmigung
des DuMont Buchverlags, Köln

Produktion: Marcus Muraro
Gestaltung: Silvia Cardinal
Umschlag: Nikolaus Heidelbach
Reproduktionen, Druck
und Verarbeitung: GZD
Designpress GmbH, Ditzingen

Printed in Germany
ISBN 978-3-7632-6504-6